天下為公

同為仍須努力

革命尚未成功

芷江受降圖會場

近代史學研究2

日本必敗論

朱雲影 著

南京受降圖

蘭臺出版社

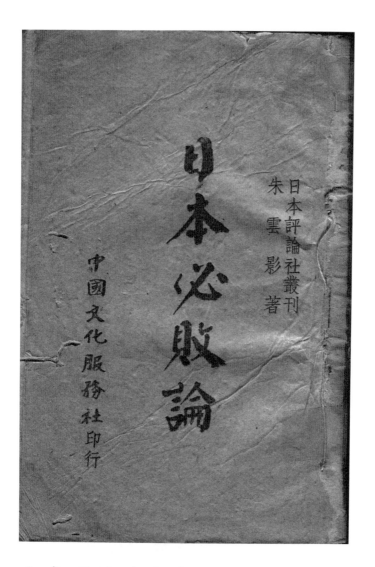

日本評論社叢刊

朱雲影 著

日本必敗論

中國文化服務社印行

本書原件係由朱雲影教授公子朱海若先生提供，特此致謝。

朱雲影教授遺像
（1904－1995）

朱雲影教授傳略

邱添生

　　朱雲影教授，字孔澤，江西省浮梁縣儒林鄉人，生於公元一九〇四年（民國前七年）陰曆六月十五日。朱教授自幼失恃，幸賴兩位姊姊照拂成長，而家中世代務農，以種植茶葉為生，故平日協助家人勤於田間農事，未能進入正式學堂接受中小學教育，但卻一心向學，乃藉著伯父的資助，得以奮發自學，終於考取江西第一師範學校，畢業後曾經秉持愛國的熱忱，加入國民革命軍北伐的行列，旋又負笈東瀛，前往日本，並獲得留學獎學金。自一九二九年四月至一九三四年三月，就讀東京高等師範學校，接著自一九三四年四月至一九三七年三月，就讀京都帝國大學，專攻東洋史及亞洲史。京大畢業留校任教時，與樊冠華女士結婚。不久，適逢盧溝橋事變發生，因曾率領當地中國留日學生抗議，而被日本軍國政府遣返中國。

　　朱教授離日返回中國大陸，正值中日戰爭全面展開之際，於是抱著知識分子救亡圖存的使命感，毅然投身抗日工作，先後擔任過各項相關要職，計有：之江文理學院教授（自一九三七年八月至一九三八年七月），日本評論社編輯部主編（自一九三九年二月至一九四一年四月），中國文化服務社出版部編審兼主任（自一九四一年五月至一九四三年七月），魯蘇皖豫邊區學院文科教授兼科主任（自一九四三年八月至一九四四年七月），國民政府軍事委員會政治部第三廳（國際）研究室少將研究員（自一九四四年八月至一九四六年七月）。

　　在這段期間，朱教授正值青、壯年時代，他滿懷強烈書生報國的雄心壯志，每以慷慨正義的文筆，譴責正在瘋狂肆行侵略的日本軍國主義，所著《日本必敗論》一書（重慶市，中國文化服務社，一九四〇年出版），即大大地鼓舞了中國民族的自尊心，尤其在國民政府軍事委員會政治部任職時，朱教授以其優異的日文學養，專門負責對日研究，翻譯各種相關情報，直接呈報蔣委員長，頗有助於研判對日抗戰的策略；迨戰爭末期，又將「對日招降書」、「抗戰勝利宣言」等譯成日文，空投日本東京以及中國抗戰淪陷區，震撼了日本軍心。

　　中日戰爭結束後，中國大陸即因國共衝突而陷入亂局，朱教授遂於一九四六年夏天來臺，自是年八月至翌年五月止，擔任臺灣省編譯館編纂兼主任，自一九四七年六月起，轉任臺灣省立師範學院（案其後於一九五五年六月改制為臺灣省立師範大學，又於一九六七年七月改制為國

立臺灣師範大學以迄於今）史地學系教授，並曾一度兼代系主任。一九六二年，史地學系分歷史與地理兩系，朱教授膺任首任歷史學系主任（自一九六二年八月至一九六五年七月），並講授「史學方法」、「中國上古史」、「亞洲各國史」、「東南亞史」等課程，授課之餘，更潛心研究，著書立說，成果斐然，於國內外學術界享有崇高榮譽，備受尊敬。一九七〇年，在朱教授多年精心擘畫之下，又創立了臺灣師範大學歷史學研究所，並擔任首任所長，講授「東亞文化史研究」等課程，不僅為史學研究開拓專業領域並提升學術水準，而且還在培育史學專才方面作出了重大的貢獻。一九七八年八月，朱教授屆齡榮退。

　　朱教授治學嚴謹，教學認真，在臺灣師範大學任職三十餘年，於講授的每一門課程，都備有親自編撰系統分明且內容充實的講義，於課堂上更隨時配合所講的主題，補充許多相關基本文獻及最新研究成果。而且，朱教授對於後進的獎掖提攜，也是一向不遺餘力，如今仍在臺灣師範大學歷史學系任教服務的教師同仁，大多直接或間接地受到其教誨或啟迪。此外，由於朱教授受過嚴格的史學研究訓練，又擁有高深的學術造詣，更具備長遠宏觀的卓越見識，所以曾將來臺之後陸續發表的二十篇主要系列論文，匯集而成一部題為《中國文化對日韓越的影響》的專書（臺北市：黎明文化事業公司，一九八一年四月初版），這是全面探討「中國文化圈」的系統綜合研究，義例精深，史料宏富，實為見解創新的高水準學術鉅著，對史學界的貢獻

至為重大。[1]

　　一九八二年十一月，朱教授偕同夫人一起赴美依親，定居於加州（California）的佛雷斯那城（Fresno），與公子朱海若、媳婦吳楚翹、孫女朱華鳳、孫兒朱華龍共同生活，安享含飴弄孫的天倫之樂，同時也寄情於田園山水之趣。一九八七年十二月，夫人因病辭世之後，朱教授更是全心照顧孫兒女，直至一九九五年一月二十七日（美國時間），於午睡中安然離世，壽終正寢，享年九十有二歲。

　　綜觀朱教授的一生，熱愛國家，潛心學術，教誨後進，孜孜不倦，而且澹泊名利，高風亮節，洵為經師人師的典範，永遠受到學子的緬懷與景仰。

---

[1]　此書由廣西師範大學出版社於 2007 年 9 月以簡體字橫排再版發行。

再版說明

王仲孚

　　《日本必敗論》一書是中國抗日戰爭期間，先師朱雲影教授在重慶發表的名著，重慶・中國文化服務社印行，作者自署脫稿時間為 1940 年 3 月。

　　我們知道 1940 年即民國二十九年，是自盧溝橋事變爆發後的第四個年頭，也是抗戰進入艱苦的第二階段。這一年汪精衛在南京成立「中華民國」政府，甘心作日本的傀儡政權與重慶正統的中華民國政府相對抗，令國人同感憤慨與震撼。在國際方面日本與德意結成同盟國，氣燄高漲一時，而為了向日本示好，法國封閉了滇越公路，英國則封閉了滇緬鐵路，使抗戰的根據地陷於孤立的威脅，這些事件的一再發生，對於抗戰的前途不免蒙上了一層陰影。

　　雲影師此書的適時推出，鼓舞了艱苦抗戰的民心士氣，堅定了全國同胞抗戰必勝的信心。五年後日本的侵華

軍，果然無條件地向中國政府投降，雲影師大作的預言果
真實現，這就不能不令人佩服此書的分析是多麼的精準，
雲影師的學術功力是多麼的深厚。

雲影師的《日本必敗論》，一書並不是一般「抗戰口號」
或泛泛的抗戰「八股文」可比，此書大部分根據客觀的日
文資料，分析日本軍力、國力的弱點，戰略戰術的錯誤，
以及國際環境不利於日本而反利於中國的形勢。由於日軍
在表面上占領廣大的中國領土，實際上陷於進退失據的泥
淖之中，政治上中國則出現全民族空前的大團結，他從各
項資料分析，日本必將走上失敗之路，中國的抗戰終將贏
得最後勝利。

朱師在本書中的評論，都是根據資料和證據說話，許
多資料的分析，則以統計數字作根據，全書各種統計圖表
多達 17 幅，行文論述並多依據數字，其嚴謹態度如同寫作
學術論文。

筆者曾請教雲影師，在抗戰時的重慶如何能取得這些
統計資料，雲影師笑說，他在日本留學期間就已經注意蒐
集相關的資料。由於雲影師具有高深的學術素養和敏銳的
觀察力，又精通日文，所以對於資料的蒐集和分析不是一
般人所能企及的。例如日本所自誇其武力如何強大，認為
三個月足以亡華，但在雲影師依據所得資料分析下，指出
日本政客與軍方的矛盾；海軍與陸軍的矛盾；少壯軍人與
元老派的矛盾；好戰與反戰的衝突；社會結構與產業結構
之間的問題重重。所列舉的人名與重大事件的始末，現今
有的大學所開的「日本史」課程，都還達不到如此詳細的

資料和清晰的脈絡分析，這本書實可列為研究日本現代史的學術著作，而不要視為一般應時的出版品而已。

今年是抗戰勝利七十週年，七十年來日本於戰爭的廢墟中得到了復興，但日閥侵華的行為和對中國的傷害，日本政府從未有一語道歉的表示，相反的，右派軍國主義者似乎仍然陶醉在「大東亞戰爭」的美夢之中，製造釣魚臺的爭端，聯合大國以中國為假想敵，使中日兩國之間又蒙上了戰爭的陰影。筆者在媒體上看到一則報導說，一位日本中學歷史教師對學生說，十九世紀日中發生一次戰爭（指甲午戰爭）二十世紀日中又發生戰爭，預料二十一世紀日本與中國又將再發生一次戰爭。此言暴露了何種心態，言在提醒日本青年預作戰爭的心理準備嗎？

一個沒有歷史反省能力的民族，會重新走上錯誤的道路，陷入毀滅的深淵之中，更有重新加害他國的危險。戰爭會使國家受到傷害，人民遭遇嚴重的災難，現代武器的精進，使戰爭更為恐怖。「戰爭」幾乎成為「毀滅」的代名詞，努力避免猶恐不及，日本發動侵華戰爭，顯然犯了嚴重的歷史錯誤，原以為可以「三月亡華」，最後落得無條件投降的下場。

雲影師此書分析日本必敗，果然不出所料，但是在此書完成之時，雲影師於預見「日本必敗」之後，對日本並未表示情緒性的恨意，反而寫出了以下幾句感慨的話：

> 日本明治維新諸志士經過無限艱難困苦創造的國家基礎，如今竟一點一滴毀滅在一群狂妄軍閥的手裏，我們實在為日本可惜，也為日本可悲！

　　這幾句語重心長的話，顯示了一位偉大學者以悲天憫人之胸懷，提供日本對於侵華戰爭，應該認真地做出反省，所謂「前事不忘，後事之師」，只有作誠實的「歷史反省」才能避免「重蹈覆轍」的悲劇。本書選在此時再版，應該具有時代的意義。

　　此書原版的紙張印刷都很粗糙，不難看出抗戰期間物資的缺乏和艱困，現在決定加以重新排版，從直排改為橫排的版面，承郝逸杰、郭鎧銘二位學棣悉心協助校稿，使原書許多錯字、漏字也都予以改正和填補，同時加入邱添生教授撰寫的〈朱雲影教授傳略〉使讀者進一步對作者有所了解。際此二戰反法西斯勝利暨中國抗戰勝利七十週年紀念之際，承台北蘭臺出版社予以重新排版印行，呈現於世人之前作歷史反思的見證，並對先師朱雲影教授作深切的追悼與敬意。

　　2015.05.22　王仲孚於台北

日本必敗論　目次

朱雲影教授傳略 ....邱添生

再版說明 ....王仲孚

第一章　導言 1

第二章　從日本軍事情勢觀察日本必敗 3

一、軍部內訌 4

（1）陸海軍的傾軋 4

　　─「薩海長陸」─大陸政策與海洋政策─陸海軍的對內爭權─戰時大本營成立的意義

（2）陸軍內部的傾軋 6

　　─緩進派─急進派─中立派─統制派─在華寇軍的內鬨

（3）海軍內部的傾軋 9

　　─軍政派與艦隊派─條約派與條約反對派─中立派的抬頭

二、統制紊亂 10

　　─少壯派的跋扈─少壯派發生之社會的根據─在華寇軍無統制的實例

三、將才缺乏 13

　　─日本人的自供─日本將才衰落的四大原因

四、軍民不一致..16

　　—議會中的「軍民反目」問題—「中國不能超出自衛

　　範圍」—日本國民對於大陸政策的懷疑

五、實力不足畏..19

　　—陸軍兵力不足—海軍無用武之地—空軍損失無法補

　　充

六、認識錯誤與戰略失敗......................................26

　　—對於新興中國的認識不清—華北事件估計錯誤—

　　「色當」戰略的失敗—寇軍三年間的損失

第三章　從日本經濟情勢觀察日本必敗........................33

一、侵略的代價..33

　　—現代戰爭的巨大消耗—「九一八」至「七七」的日

　　本預算—戰後的日本預算—龐大的侵華戰費

二、戰費來源的枯竭..37

（１）公債..37

　　—戰前的公債—戰後發行的公債—日本的公債政策—

　　紙幣發行額的激增—惡性通貨膨脹的危機

（２）租稅..40

　　—竭澤而漁的租稅政策—戰後的四次增稅案

（３）外債..42

　　—屢次借款的失敗

（４）貿易..43

　　—戰前的巨額入超—輸出入品臨時措置法—貿易聯繫

制－輸出不振興國際收支惡化－第二次歐戰與日本貿
易－資金大量外流－國內存金枯竭

三、工業危機 48

（1）工業的跛行發展 48
　　－和平工業與軍需工業的地位顛倒－和平工業原料入
　　手的困難－戰後和平工業的破產－軍需工業發展的障
　　礙

（2）資源缺乏 51
　　－日本資源的貧乏－所謂物資總動員計劃－石油－煤
　　炭－鋼鐵－鉛－錫－鋁－鎳－鎂－橡皮－棉花－羊毛
　　－食糧－其他

四、農業危機 59
　　日本農業的特點－農家經濟狀況－重重剝削下的日本
　　農民－暫時農村所受的惡影響－大革命前夕的日本農
　　村

五、「以戰養戰」的陰謀 65
　　－掠奪我資源－破壞我金融－向我淪陷區推銷仇貨－
　　加緊經濟反攻粉碎敵寇陰謀

第四章　從日本政治情勢觀察日本必敗 68

一、同床異夢的各黨派 69

（1）元老重臣的沒落 69
　　－元老重臣與軍閥的對立－元老重臣的步步退卻

（2）既成政黨的去勢 70
　　　─政黨的黃金時代─軍閥對政黨的大轟炸─政黨的內
　　　閣與分裂的危機

（3）彈壓下的無產派 72
　　　─日本無產運動的史的發展─社大黨的反動化─彈壓
　　　下左翼勢力的成長

（4）指揮刀下保護下的右翼陣營 74
　　　─右翼團體的形形式式─右翼浪人的匪化

（5）軍閥的寵兒─新官僚派的抬頭 76
　　　─「官僚政治」─新官僚派的代表人物─新官僚派的
　　　政治投機

二、軍部與政黨財閥的磨擦 77
　　　─既成政黨與財閥的勾結─軍部與財閥政黨反目的原
　　　因─軍部的武器「惟握上的奏權」與「現役專任制」
　　　─軍部的議會制度改革案─濱田的反軍演說─關於全
　　　國總動員法的兩派對立─總動員法第十一條的糾紛─
　　　對華院問題的兩派對立

三、國策不統一 83
　　　─國策氾濫─對內國策的分歧─黨利主義的國策

四、近年來日本的閣潮 86
　　　─九一八後日本政局的混亂─犬養內閣─齊藤內閣─
　　　岡田內閣─廣田內閣─宇垣組閣的流產─林內閣─近
　　　衛內閣─平沼內閣─阿部內閣─米內內閣

第五章　從日本社會情勢觀察日本必敗 93

一、充滿矛盾的日本社會 93

　—高踞王座的日本資本家—日本勞動工人的痛苦—日
　本中小商人的艱窘—封建束縛下的日本婦女—日本青
　年的苦悶—新平民的不平待遇—支配階級的高壓與麻
　醉

二、物價騰貴與大眾生活難 99

　—金輸出再禁止後的物價上昇—「七七」以來的物價
　暴騰—市面「黑市」橫行—國民生活費的激增—日本
　政府的物價統制

三、軍民精神動員的失敗 102

　—田中內閣以來的「思想善導」—文教審議會的創設—
　國民精神動員的目標—思想對策研究會之成立

四、風起雲湧的反戰運動 106

　—日本國內的反戰運動—在華日軍的反戰運動—日本
　政府的暴力彈壓—噴火口上的日本

第六章　從國際情勢觀察日本必敗 110

一、國際孤立的日本 110

　—大陸政策與列強的利害衝突—民主國家對日的包
　圍—德意日防共軸心的瓦解—日本外交的苦悶

二、日本與列強關係 113

（1）日本與蘇聯 113

　—日本的對蘇侵略—偽滿邊境的日本軍備—蘇聯遠東
　的防日軍備—諾蒙坎停戰協定—蘇日關係調整的不可
　能

（2）日本與美國 117

－海約翰的中國門戶開放宣言－華盛頓會議－史汀生
的對日強硬外交－美國對於「東亞新秩序」的否認－
美日商約的廢止－最近美國對日積極外交的動態

（3）日本與英國 121

－英國的勢力均衡主義－英日同盟的訂立與廢止－九
一八時的英國對日態度－英國遠東政策的轉變－英國
的對華投資－日本對英在華權益的蹂躪－英日東京協
定

（4）日本與法國 125

－日本對於越南的垂涎－暴日強佔斯巴特萊島－暴日
轟炸滇越路與法日關係惡化－法日商約的運命

（5）日本與德意 127

－德意日防共協定－德意日經濟的勾結－防共協定的
廢止化

三、被壓迫民族的公敵——日本 129

－朝鮮的反日－台灣的反日－琉球的反日－印度的反
日－緬甸的反日－其他弱小民族的反日

第七章　從中國抗戰情勢觀察日本必敗 134

一、軍事愈戰愈強 135

－中國軍事的偉大進步－初期的山西戰事－上海與南
京的防禦戰－徐州大會戰－武漢外圍的大會戰－南昌
的放棄與反攻－鄂北大戰－湘北大戰－桂南之戰－粵
北之戰－我軍質量的增強－敵後我軍的活躍

二、經濟基礎穩固 141

　（1）農業 142

　　一從對外依存到對內自給一政府暫時的農業政策

　（2）工業 143

　　一戰事中工業的損失一內地的工業建設一重工業一

　　輕工業一豐富的資源一工業合作社的發展

　（3）貿易 145

　　一政府的戰時貿易統制一非戰區貿易的有利趨勢一

　　中國貿易的光明前途

　（4）財政 146

　　一調整租稅一募集公債一統制外匯一鞏固金融

三、政治躍進 152

　一全民族空前的統一團結一國民黨的躍進一憲政基礎

　的確立一戰時行政的刷新

四、社會穩定 155

　一民族主義的鐵流一社會秩序的安定一戰時動員的順

　利進行

五、國際同情 158

　一國際反侵略大會的援華運動一英國的援華運動一美

　國的援華運動一法國的援華運動一蘇聯的援華運動一

　比利時的援華運動一荷蘭的援華運動一斯干的那維亞

　的援華運動一古巴的援華運動一南非洲的援華運動一

　澳洲的援華運動

第八章　結論 164

第一章　導言

　　中華民族以盧溝橋的砲聲為信號，毅然舉起正義的大纛，發動偉大神聖的民族解放戰爭，至今已進入第四個年頭了，在我英勇戰士憑三年間的苦鬥造成光榮事實擺在眼前的今日，不料居然還有若干認識不清的人，懷疑「抗戰必勝」的真實性，而表示悲觀動搖；因為他們不肯去研究敵情，所以不會明瞭敵人的弱點，也就無從堅定「必勝」的信念，這實是一件憾事！

　　但是我們要研究敵情，決不能把視線限於軍事一方面；因為現代戰爭是一切國力的對比，經濟、政治、社會各種情勢，也都是決定戰爭勝負的主要因素，同時，連環性的國際關係以及對方的力量也不能不附帶加以嚴密的檢討。所以我們要從各種角度把敵我的環境綜合認識，決不能憑片面的觀察而加以武斷。蔣委員長昭示我們：「我們不

但要知道敵我軍事一方面的情形，而且更要知道敵我整個國家一切的情形，這纔算知己知彼；能知己知彼，自己纔能有充分把握，而收百戰百勝之功。」這真是至理名言！

不過我們對於敵人，儘管燃燒著強烈的憎惡，而研究敵情，卻須保持冷靜的客觀態度，因為將敵人過高或過低的估價，對於我們都是損失。所以我們只須忠實地羅列客觀事實，不必用什麼誇張和粉飾，至於敵人的未來命運如何，自可從事實中找到答覆。

第二章　從日本軍事情勢觀察日本必敗

　　日本軍閥滿想以三師團兵力五億圓軍費三個月時間便可解決的中日戰爭，如今動用了五十師團兵力，耗費了二百億圓軍費，經過了三十多個月時間，解決還是遙遙無期。東方唐吉訶德（Don Quixote）的「大陸帝國」的迷夢，已完全被我中華民族求解放的鐵拳粉碎了！現在敵我勢力的發展，已到了一個轉捩點：由初期的敵人進攻，進至現階段的敵我相持，而由敵我相持轉入我方的反攻，將是不遠的事。一般無恥的漢奸，動不動便誇張敵人的軍事力量是怎樣強大，可是面前鐵般的事實，卻給了他們一個無情的反證！為什麼敵人會愈戰愈弱呢？這是因為敵人軍事本身就包含許多不可能克服的矛盾與弱點。隨著我抗戰的英勇，戰爭的延長，這些矛盾與弱點，必將擴展為日本帝國主義的致命傷。現在我們來將牠分析一下：

一、軍部內訌

（1）陸海軍的傾軋

日本自明治元年創設軍防事務局，廢止藩兵，二年改設兵部省，五年廢兵部省分設陸軍省與海軍省，軍事機構逐漸現代化，但是人事關係，依然脫不了封建勢力的支配。陸軍為長州閥所把持，海軍為薩摩閥所把持，因此，「薩海長陸」成為日本民間的流行語，從此陸軍與海軍在對內對外的政策上起了頑固的爭執，對外方面，海軍高唱海洋政策，主張南進，陸軍高唱大陸政策，主張北進，各扶植御用的代言人，製造輿論。南進論者認為南方海洋是日本發展的新天地，如荷蘭東印度的煤油，馬來半島澳大利亞的鐵礦，澳大利亞新幾內亞的羊毛，都是他們垂涎的目的物，他們認為日本目前最大的錯誤，是與兩個偉大的新興國家—蘇聯與中國為敵（見室伏高信論文）。北進論者則認為東亞大陸是日本的生命線，垂涎著我國東北的大豆、煤炭、黃金，河北的棉花、鐵礦，山西的煤炭，綏察的羊毛……，他們認為南洋已被英美荷捷足先得，欲求插足，必與英美兵火相見，不如北進政策易於執行。兩派固執己見，勢成水火。海軍的假想敵為英美，陸軍的假想敵為中俄。因為兩者對外交政策不一致，所以在其對外行動上常發生齟齬。甲午戰爭的結果，陸軍奪得了朝鮮為北進的橋梁；海軍奪得了台灣為南進的渡船，於是兩者的反目，便一天天露骨化了。到日俄戰爭時，因為關係日本本身的存亡問題，

所以日本陸海軍尚能保持同一的步調，也因為這個原故，所以日本奪得了最後勝利。至歐戰爆發，海軍比較多得了活躍的機會，結果奪了南洋羣島委任統治地，陸軍僅奪得了青島，不免有些不滿，於是大正七年毅然出兵西伯利亞，結果卻一無所得。陸軍感到了異常焦燥，因為當時的客觀情勢不許可，只好伺候機會，終於一九三一年造成了九一八事變。同時海軍為與陸軍競爭起見，也不久造成了一二八事變（見武藤貞一〈對於國軍機構的期待〉）。自七七事變發生，陸軍在大陸上得到了大規模掠奪的機會，海軍不免垂涎，也就於去年二月霸占了海南島，造成了「太平洋上的九一八」。以上是就兩者對外方面的爭功而言，原來兩者的對外爭功，即是為了確立對內的支配權，所以對內方面陸軍與海軍的爭權奪利，更表現得異常深刻。最有名的例，如當長閥桂太郎奉命組閣時，海軍大臣齋藤實，故意裝病拒絕面會，欲使其組閣流產，後來桂內閣雖然實現，可是不過四個月便瓦解了，長閥為了復仇，當海軍元老山本權兵衛內閣時代，更暴露了海軍收賄問題的「西門子事件」，給了薩閥一個致命的打擊。（見田中惣五郎《軍部政治進出史》）海軍與陸軍既有各自的假想敵，所以時常互奪軍費，以求各自力量的充實。本來日本是所謂「無的國家」，即與某一陸軍強國或海軍強國競爭，也難免落伍之虞，何況與所有陸海軍強國為敵，當然軍費總嫌不足，所以每年政府編造國家預算時，陸海軍總是劍拔弩張，爭多爭少，

使得財政當局左右為難。因此從前老奸巨滑的高橋藏相，即提供一筆軍費總數，給陸海軍自己去分配，讓狗爭骨頭落得自在。即如殖民地的統治權，也有不成文律的規定，朝鮮總督一席歸陸軍，台灣總督一席歸海軍；本來朝鮮總督一席，也曾被海軍占據，後來因陸軍勢力的膨脹而奪去了。又如航空省設置問題，已鬧了幾年，到如今還沒有實現，就是因為陸海軍的傾軋，海軍恐航空省被陸軍把持，所以反對設置。其實現代戰爭，非軍事機構一元化難期戰果，想必日本軍閥也未嘗不知道，他們反對的理由只是為了私利罷了，七七事變發生不久，日本即組織了戰時大本營。本來日本並沒有對中國正式宣戰，為什麼卻急急於組織了戰時大本營呢？按戰時大本營的組織條例：「參謀總長及海軍司令部長領導幕僚，奉仕帷幄機務，參畫作戰，以謀陸海軍之策應協同，俾達終極目的為任務。」可知道就是為了陸海軍行動不一致，為謀兩者之「策應協同」的原故。總之，日本陸軍與海軍為了確立各自的軍事霸權，兩者的摩擦必然地只有一天天加深，將來發生血腥的衝突，也是未可知的事罷。

（2）陸軍內部的傾軋

　　日本陸軍部內派別複雜，黨爭極烈。從前有就出身地域區分的石川系、土佐系、佐賀系等等，可是近來已被漸進派、急進派、中間派、統制派等名稱替代了。各種派系的勢力，相互激盪，相互排擠，致形成四分五裂不可收拾

的局面。九一八事變後每一陸軍大臣登台，總是聲明「肅軍」，結果只是借「肅軍」之名，「肅」去了異己者，反而更加激化了部內的黨爭。

茲將日本陸軍派別分述如次：

1.漸進派　又名現代維持派。這派以宇垣一成為領袖，分阿部信行與南次郎兩翼，隸屬其旗幟下者，有林桂、古莊幹郎等。九一八事變前日本陸軍完全被這派把持。他們主張侵華政策不宜操之太急，勾結保守勢力裁減師團，因此急進派恨之入骨。自從急進派製造九一八事變，奪得了陸軍政權，這派的勢力便逐漸退潮了。有「萬年候補宰相」之稱的宇垣，所以組閣的希望終不能實現，便是由於急進派從中作梗的原故。急進派詆毀宇垣「出賣陸軍」「破壞國策」，宇垣派詆毀急進派「妄動誤國」「破壞固有憲政」。兩派互相水火，大有不共戴天之勢。

2.急進派　這派以荒木貞夫、真崎甚三郎為領袖，隸屬其旗幟下者有柳川平助、小磯國昭、秦真次、香椎浩平、香月清司等。一時所謂少壯派，都集於這派陣營。他們一面對外推行侵略政策，一面對內推行恐怖政策，攻擊元老，排斥政黨，壓迫輿論，縱容部屬苦迭打，如血盟團事件、五・一五事件、二・二六事件，都和這派有密切的關係。因為他們無軌亂行，在國民間激起了極大的反感，所以荒木為環境所迫，終於不得已把陸軍大臣的椅子讓給了中立

派，真崎亦因二‧二六事變的嫌疑一時曾受拘禁的處分。

3.中立派　這派以林銑十郎大將為領袖，隸屬於旗幟下者，有被暴力軍人先後殺害的軍務局長永田鐵山、教育總監渡邊錠太郎及前陸相川島義之、華北駐屯軍參謀長橋本羣等，居於宇垣派與荒木派的中間，故稱中立派，他們儘管打起「肅軍」旗幟，高喊「統一國軍」，實則不過欲吸引遊移分子，造成一派的勢力罷了。果然，當荒木派下台，宇垣派也不得上台的時候，陸軍的權力便落於這一派的掌握中了，林銑十郎所以奪得了陸相的椅子，便是為了能作上述兩派的「緩衝」。可是後來因為荒木派藉口林的胞弟白上佑吉疑獄問題，作猛烈的倒林運動，林與荒木派之間便發生了裂痕，而把荒木派健將秦憲兵司令、真崎教育總監先後罷免了，荒木派為謀復仇，旋有相澤中佐將永田軍務局長謀害，不久，陸軍的領導權便被統制派取得了。

4.統制派　這派的重要人物是前華中作戰司令松井石根、前關東軍司令官植田謙吉、陸相板垣征四郎、畑俊六，及編定侵華計劃的石原莞爾中將等。這派當二‧二六事變發生之後，擁寺內壽一為傀儡，高揭「肅軍」的旗幟，主張嚴辦二‧二六事變的凶犯，排除黨派色彩濃厚的人物，卻忘記了自身也是一種黨派。為貫徹其主張，曾把急進派的健將陸大校長小畑敏四郎，技術本部第一部長林狷之介，第四師團長建川美次，要塞司令官平野助九郎等罷免

了，因此頗激起急進派的反感。盧溝橋事變的發生，便是這派為了肅軍工作遇到障礙，欲藉國外戰爭以轉移陸軍內部的視線。可是開到了中國作戰的急進派少壯軍人，依然表現動搖之色，不得已只好釋放了拘禁中的二・二六事變的凶犯，以求緩和其空氣，由此可見其「統制」，早已發生動搖了。

總之，日本陸軍部內勢力衝突非常尖銳，即如在華寇軍也有什麼華北派、華南派、反蘇派的對抗，華北華南華中的寇酋，各自擴張勢力，培養御用走狗，各立門戶，互相暗鬥。最近倭政府有見及此，所以將華北華中華南各司令廢止，而以西尾壽造為侵華軍總司令，板垣為參謀長，以圖統一在華軍事機構。但我們可以斷言：倭政府這種措置終是徒勞的，因為日本軍閥的宗派鬥爭，由來已久，絕非一朝一夕可以化除的，倘使一朝勢力失其均衡，也許將重演我國北洋軍閥時代的歷史也未可知。

（3）海軍內部的傾軋

日本海軍，在明治時代便有軍政派與艦政派之爭。海軍建設的元勳——山本權兵衛，每有設施輒被艦隊服務的同鄉——柴山矢八將加以反對，所以當時流行一種童謠：「權兵衛播了種，矢八啄個空」。這是軍政派與艦政派反目的開始。其後兩個派暗鬥不斷發展，至一九三〇年為了倫敦海軍條約問題，兩者的衝突便達到最高峯了。當時軍政派的領袖是海軍大臣財部彪，艦政派的領袖是軍令部次長

加藤寬治，前者又稱條約派，後者又稱條約反對派。軍政派的重要人物有安保山梨小林諸大將，杉政人、左近司政三、堀悌吉諸中將、艦政派的重要人物有末次信正大將、百武源吾中將等。當時軍令部設在海軍省的樓上，兩派相見便起論爭，甚至鬧出這樣的喜劇：海軍省停止了供給軍令部舶來的威士忌酒和雪茄煙，使得軍令部的菸酒黨叫苦連天，當岡田啟介組閣的當初，本欲起用條約派小林躋造為海軍大臣，結果被加藤寬治用巧妙的戰術阻止了，東北事變後條約反對派的勢力逐漸伸長，條約派不得已讓位給中立派大角岑生大將了，大角連任海相數年，總算把部內的黨爭緩和了許多，可是派閥依然存在，不過沒有陸軍那樣露骨的衝突罷了。

二、統制紊亂

軍紀是軍隊的生命，未有軍紀蕩然的軍隊而能期待偉大的戰果的，我們試看看日本軍隊，簡直軍紀掃地，呈現一種下剋上的現象，所謂陸軍大臣，不過是那些暴力少壯軍人的傀儡罷了，自由主義的老鬥士前文部大臣尾崎行雄氏曾在眾議院中發表這樣一段演說：

> 「少壯軍人始終立在陸軍大臣之上，監督大臣，我想少壯軍人之中必有非凡的腳色，因為居然能左右大臣，指導輿論，他們製造出什麼『危機』、『非常時』、『準戰時』等等名詞，全國也就雷同附和的鬧

著，可是卻不知道是什麼意思，這種非凡的腳色，
我們很想請出來為國效勞，可是他卻鬼頭鬼腦的躲
在幕後，我想既是監督大臣的人物，就不如改正官
制，老實請他出來做大臣，監督者躲在下面，大臣
是不便行使職權的，不過少壯軍人要干涉政治，就
得離開軍職，脫去軍服纔行。……」

這篇演說，實在盡了諷刺之能事，自九一八事變以來，
少壯派軍人橫行闊步，作威作福，眼中既無政府，亦無良
官，一面高喊「膺懲暴支」，主張積極侵略中國；一面高喊
「昭和維新」，主張革新國內政治，歷任的陸軍大臣，都是
他們的播音機。什麼軍紀，完全被他們撕毀了。

在國內方面，少壯軍人曾發動多次暴動，如一九三二
年殺害首相犬養毅的五‧一五事件，一九三五年殺害永田
軍務局長的永田事件，一九三六年殺害齋藤內府、高橋藏
相、渡邊教育總監等的二‧二六事件，何一不是穿著制服
的現役軍人幹的，軍事當局甚至公然庇護他們，稱為愛國
行為，於是更推波助瀾，增長了少壯派的凶燄，簡直把整
個日本造成了一種無政府狀態，在國外方面，屢次的侵華
計劃，都是少壯派一手擬定，每在中國製造了什麼事件，
陸軍省的態度取決於「現地」軍首腦部，首腦部取決於特
務機關的少壯軍人，這些少壯軍人是和中央的少壯軍人息
息相通的，所以可以說，九一八事變後的日本對內對外的
政策，都是少壯派軍人欽定的，少壯派軍人簡直是日本無

冕的天皇。

但是少壯派的發生，也自有其社會的根據，原來這些少壯軍人都是農村出身，今日日本的農村經資本主義的榨取，早已瀕於破產狀態，這些從農村小地主階層出身的軍人，身嘗痛苦的滋味，卻不知道怎樣解決農村問題，後來受了軍國主義教育，聽到那些欺騙麻醉的教訓，便以為只有侵略外國是唯一的出路，於是變成了急進的法西主義，侵略的先鋒了，此外，還有一種重要的原因，關係於他們自身的前途，原來日本兵役法規有「現役將校定限年齡」之規定，就是將校到了定限年齡，不能進級，便要退職，其定限年齡依官階而異，大概如下：

中少尉－－四十二歲

大尉－－四十七歲

少佐－－五十歲

中佐－－五十二歲

大佐－－五十六歲

中將－－六十二歲

大將－－六十五歲

這就是說平時中少尉到了限定的最高年齡四十二歲，不能升級，便要退職，同樣，大尉到了四十七歲，少佐到了五十歲，中佐到了五十二歲，大佐到了五十六歲，不能升級，都非退職不可，這些軍官，中年一朝退職，作工無力，經商無錢，只有若干「恩給」，怎樣能夠維持生活？自

然他們便希望戰爭了，到了戰時，他們不但沒有免職的危險，而且升官升得很快，所以他們主張對華戰爭，對蘇戰爭，對英美戰爭，表面掛著愛國招牌，實則他們有不能告人的苦衷！

由於少壯派的跋扈，寇軍的紀律是完全破產了，如來華獸軍，殺人放火，姦淫擄掠，殘暴情形空前未有，寇酋縱想制止也無力制止，寇軍上級命令往往不能行於下級，這有種種實例可以證明；當進攻南京時，寇酋松井本主張步步進迫，脅我政府作城下之盟，不主於最短期間攻下南京，以逐漸增進我部內的分化，可是少壯將校卻不聽松井的指揮，而直向南京猛撲，又如少壯派領袖橋本大佐，不顧寇酋意旨，發令擊沉美艦巴納號，寇酋也無可如何，在徐州大戰中，寇酋寺內本打算抽調一部關東軍加入作戰，結果也未達目的。——像這種統制紊亂的軍隊，其瓦解只是時間問題，豈能與我在蔣委員長一個命令指揮之下的神勇國軍相持到底？

三、將才缺乏

孫子兵法謂預測戰爭勝負的方法有五，其一便是觀察「將孰有能」？到底敵國有沒有能將呢？這裏我們不必浪費筆墨，且引日本人自己的話來說明罷，堀內達在〈擔當次代陸軍的人物〉一文中說：

「翻開十年來的陸軍史一看，曾被大家預期為最高

三長官（陸軍大臣、參謀總長、教育總監）的有能
人物，結果成了事實的只有宇垣和荒木，真崎雖做
到了三長官之一──教育總監，可是結果隱退了，
中途離大臣的機會已不遠的阿部信行，也只做到大
臣代理便跌下了台，反之，嚴格講來，不要說大將，
連升到中將的師團長也不容易或做到少將便難免被
淘汰的人物，不知道是他的幸運還是他的吹拍工夫
高明，居然賺得了大將大臣的榮冠，而期待為陸軍
柱石的優秀人物，卻出乎意外的早凋了或因人事關
係及其他種種原因中途沒落了。」

由此可知現在寇軍的首腦部，將才是怎樣的貧乏，那些耀
武揚威目空一切的日本軍閥，只是僥倖成功罷了，又和田
日出吉在〈二・二六事變後的軍部〉一文中說：

「首腦部之中，有的未嘗不是優秀將校，但是因為
對於近代兵器、戰術、社會情勢、國際情勢、政治、
經濟，不願研究，結果反弄得不如部下佐官級的青
年，指導這些有為的青年，必須相當的才幹，固然
不敢說首腦部沒有這種才幹，可是佐官級變成了軍
的活動的中心，也絕不是無故的。」

這段話雖說得很委婉，已暗示出日本軍部就是因為沒有英
明的統帥人才駕馭那些少壯軍人，所以弄得尾大不掉，軍
紀蕩然，國家的命運竟被少數盲動的少壯軍人拿去作攫取

高官厚祿的賭注，但是日本的將才衰落，究竟是從哪裏起因的？

　　原來日本軍部裏有一個妨礙人才發展的制度，便是所謂天保錢制度。「天保錢」是陸軍大學卒業徽章，陸軍素來注重陸大資格，「只要是有天保錢的，不論怎樣的蹩腳，至少也可以做到少將」。無緣入陸大的卻很不易出人頭地，因而埋沒了許多有用的人才，軍部的有識者早就提倡廢止「天保錢」制度，無奈病根已深一朝一夕不易實現，直到一九三六年寺內陸相時代，才把這種制度廢止了，這是造成將才衰落的原因之一。又軍部用人有一種慣例，凡是陸大或陸軍士官出身者，每以其學校成績為一生黜陟的標準，席次較高的容易升官，否則多被中途淘汰，原來學業成績優良者，或因用功所致，閉門造車未必出而合轍，古今中外的名將從實際體驗中修養而成，因此，日本軍部多的是一些善於空談的陰謀家，而缺乏英明的戰略家。這是造成將才衰落的原因之二。日本兵役關係法規定將校服務相當時間便可升級，不似美德的陸軍制度有降級的規定。只要上級機關有人照顧，無論怎樣的無能也可按年升級，否則到了定限年齡便有被罷免的危險。因此，下級人員多把軍事研究拋到九霄雲外，而埋頭於集黨鑽營。這是日本軍部宗派鬥爭激化的由來。所以每逢某派握著了軍事支配權，便大提拔其黨羽，而以異己者為「肅軍」的祭禮。一般潔身自好的人物，不願與宗派主義者沆瀣一氣，便難免中途受

淘汰的命運。這是造成將才衰落的原因之三。日本社會異常注重門閥，軍部也不能例外。凡是出身名門者，即處處占上風，如陸軍之寺內壽一大將，海軍之山本英輔大將，所以博得今日的地位，並不因其才能，而因前者為寺內正毅元帥的兒子，後者為山本權兵衛元帥的親戚，這種例子，多不勝舉。倘若門第不高或出身微賤者，即令如何優秀，也不易占據高位。這是造成將才衰落的原因之四。

有此數因，所以日本軍部將才寥寥。在作戰上只知拘泥於戰略的圖式主義，而完全缺乏創造力，七七事變以來日本軍閥屢次機械的運用「色當」戰略，都歸於失敗，號稱日本軍部三傑之一的板垣，台兒莊之役幾至全師團覆滅，其他小醜更不用說了。由此可知日本軍閥絕不是我富有現代軍事修養與實戰經驗的軍事當局的對手！「將既無能」，勝負也就不卜可知了。

四、軍民不一致

王源說得好：「人心未附，善戰者不戰」〈戰論〉。因為兵出於民，民心不附，還哪裏談得上戰鬥力？日本國民對於日本軍閥採取怎樣的態度呢？我們只看在七七事變發生的同年的議會中「軍民離間」成了很大的問題，就可窺知這裏面的消息了。當時貴族院議員淺田良逸曾要求發言道：

> 「現在都會中有許多人對於軍部懷抱惡感，軍部和
> 政治團體也常發生摩擦，這或是由於軍部的激烈言

論引起了誤解，他方面也由於書報雜誌的齟齬，真是不幸的現象。」

杉山陸相答道：

「現在軍民固然不能認為十分一致，但是一部別有作用的人，特別誇張「軍民不一致」，這是很可憂慮的。我將以軍民一體的精神指導下去。」

又在眾議院中，尾崎行雄也關於這問題發言道：

「現在軍部諸公也許沒有聽到，我附近的人家妻子橫暴，丈夫和兒女就罵她做『陸軍』，後來旁人談到，纔知道許多家庭都有這種情形，也有的是丈夫橫暴，妻子罵他做『陸軍』。這對於陸軍，真是可慮的現象，這樣地軍民的關係漸次疏隔了。」

「陸軍」竟成了「惡夫」「潑婦」的代名詞，於此可知日本國民對於日本軍閥是懷抱著怎樣的反感了！這種反感，究竟是何從而起的？馬場恆吾的〈軍民一致論〉說得很透澈，茲摘譯數段如下：

「……中日、日俄兩戰役，那樣熱狂愛國的國民，為什麼到了歐戰參加及西伯利亞出兵，卻異常冷淡了？這種很大差異是從那裏起因的？原來國民愛國的熱情，是從保護自己的鄉土與生命財產的本能生出來的，日本國民為了保護日本的皇室、國家、領

土、民族，是誰也願意拚命的，那沒有一點疑問。
可是要做超出這範圍以外的事，那就議論紛紜了。
國防在限定於國防範圍之內，國民是會熱誠地支持
軍部的，可是超過了『保護日本』的境界，要出兵
到歐洲西伯利亞，國民的熱情就冷退了。……
歷史告訴了我們什麼？就是無論任何民族，保護本
國是強的，遠征他國是弱的。拿破侖那樣的英雄，
遠征俄國攻入莫斯科，也終於遭到了失敗的悲運。
然則俄國民族強麼？可是後來到滿洲與日本交戰，
卻慘敗了，這是因為與日本的士氣大有差異的原
故，日本如果敗了，朝鮮被奪去，日本本國也不能
安枕，這對於日本確是生死存亡的一戰，可是俄國
卻從本國遠征數千里，兵士都不知道是為了什麼，
作這種無用戰爭的俄國，與緊張地考慮國家存亡的
日本，在交戰之前，可說勝負早已決定了。……
時勢的要求，是任何國民都應保護祖國。可是要超
出這限界保護他國（指偽滿——譯者）的領土，那
就生出國民思想的動搖了。軍部出來指導日本政
治，是從滿洲事變開始的。「滿洲國」建設，是軍部
建立的大事業，可是這事業，一般國民並沒有諒解
為自己的鄉土的意味，軍部的思想與國民的思想不
一致，不是原因就在這裏麼？……
日本國民為了保護國家的安全，願意犧牲一切奉獻

忠誠，這由中日甲午、日俄兩戰役可以證明。國民也贊成以國防為第一義。只是國民不知道陸軍的所謂大陸政策，是在國防的範圍內呢還是在國防的範圍外呢？雖然常常聽說什麼大陸政策，可是卻沒有充分討論過。陸軍欲憑大陸政策指導政治，國民卻不理解大陸政策是什麼東西。我們固然希望軍民一致，可是要達到軍民一致，軍部就應該把所懷抱的大陸政策昭示國民，取決於國民，因為國民不贊成的政策，即使濫用權力，也是絕對行不通的……」。（見《改造雜誌》一九三七年三月號）

可是日本軍閥終於不顧一般國民贊成與否，濫用權力，強行所謂大陸政策了。超出了自衛的範圍，要國民去為軍閥財閥火中取栗，從事對於自己毫無利益的侵略戰爭，日本國民不都是傻子豈能忍受？所以日本國內反戰運動風起雲湧，這是當然之理，日本國民與軍部之間的鴻溝，正在隨著戰事的延長一天天加深，到了最後一天，恐怕日本軍閥只有在大眾威力之前，抱著大陸政策割腹自盡罷？

五、實力不足畏

一般漢奸國賊，為造成恐日的空氣以利其私人企圖，故意張大其詞，宣傳敵人的武力如何雄厚，曾不思「事實勝於雄辯」，三年間的抗倭聖戰，不是已經證明了敵人的實力並不足畏麼？固然，我們也不否認敵人擁有比較優越的

武器，實力相當雄厚，然而牠的實力，用於保護本國則有餘，用於侵略地廣人多的中國是絕對不足的。現在我們來把敵國陸海空軍的實力檢討一下：

陸軍：日俄戰爭後，日本常備兵從戰前的十三師團增為戰後的十七師團，明治四十年寺內陸相擬定二十五師團的計劃，將來為朝鮮二師團增設問題發生糾紛，至大正十年間陸相時代始實現了二十一師團。雖然在歐戰期中大島田中兩陸相先後有樹立二十二軍團（即四十四師團）的計劃，可是歐戰結束之後，因為一方面帝俄崩潰一時失了假想敵，一方面為經濟所限，不得不拋棄增設師團的計劃，進而謀裝備改善一質的充實，遂裁減四師團（第十五、十七、十八、廿一等師團）仍為十七師團，一直到現在，其中包括步兵團七一，騎兵團二五，砲兵團三五，工兵團一七，輜重團一四，鐵道團二，電信團二，航空團八，汽球團一，騎砲團一，高射砲團六，戰車團二，合計一百八十四團，共二十三萬人。此外，關東軍在我東北近年間設有常備兵六師團，約八萬人，所以日本實際共有常備兵二十三師團，三十一萬人。

現在我們再來檢討日本戰爭時的動員兵力問題。據日本軍事家平田晉策的研究，戰時動員兵力對於平時常備兵力的比率，以部隊數二倍兵員數四倍為最適宜，若部隊數增至平時的三倍，兵員數增至平時的六倍，則軍隊的素質便會大大的低落，如日俄戰爭明治三十七年十一月的日本

兵力是十三師十七萬人，三十八年九月增至二十六師四十三萬人，質的方面即呈現了惡劣，令俄軍司令官克魯泡特金驚為「比去年的日本軍遜色多了」。這樣說來，那末日本平時兵力二十三師團三十一萬人，戰時動員四十六師團一百二十萬人，則素質方面不致受什麼影響，超過了這數目，便不免招來質的惡劣。我們看清了這一點，再來看看日本離開了質的問題，在量的方面，到底能出多少兵，據蘇聯軍事家塔甯和約翰在《日本備戰論》一書中之估計，日寇在兵役中的男子，目前有六百四十九萬四千一百七十五人。但據第一次歐戰之經驗，這些兵役中的壯丁，必須有三分之一留在後方從事軍事生產及運輸等工作，可能動員的只有三分之二。如應用這個方法計算，則日寇可能徵集到軍隊裏的壯丁，是四百三十萬人，又按日俄戰爭時，日本動員了的壯丁為一百十八萬五千人，此外有軍事訓練和軍事經驗可以動員起來的尚有二百七十二萬七千人沒有利用。如把兩項合計起來，就有三百九十一萬二千人，即其當時全國人口（四千五百萬）的百分之八‧六強，現在日本人口共七千三百萬人，如以上述的比率計算，則可動員六百二十七萬八千人，除掉其中三分之一須留在後方工作，則實際能動員到前方作戰的兵力為四百一十八萬五千三百三十二人，這種估計與塔甯約翰之估計相差不遠，所以我們毋妨認定日本可能動員四百二十萬人上下。但是如動員到這種限度，牠的經濟力能否支持尚是一大問題。照

第一次歐戰的經驗，戰事一年間損失的部隊，占動員部隊的百分之六十四，日寇在華作戰部隊達一百萬人，每年應損失六十四萬人，扣去每年可補充達軍事年齡之新壯丁二十五萬人，則日寇一年間不折不扣須消耗兵力四十萬人，這樣計算，則日本不消十年功夫，壯丁不死光，便皆變為殘廢，而況日寇還得分相當的兵力準備對付蘇美和防範台灣、朝鮮各殖民地的革命與鎮壓國內的反戰運動，所以日寇現已感到兵力的不足，如戰爭延長，牠的這種困難必隨之而愈增加，或者有人以為日寇可以徵調殖民地的人民與利用偽軍，補救這一缺陷，不知這些兵士即使被迫開到戰場，也是絕無鬥志，且常有反戈相向之危險，無論日寇採取如何的編組方法，也絕不能發揮戰鬥力，徒然加緊消耗其給養罷了。

　　海軍：日本為世界三大海軍國之一，在華盛頓會議後，其主力艦即與英美保持五·五·三的比例，平時編為三個艦隊，其編制如下：（見平田晉策《海軍讀本》）

　　　第一艦隊（司令長官一、司令官五）
　　　　第一戰隊（戰艦四隻）
　　　　第二戰隊（戰艦四隻）
　　　　第三戰隊（巡洋艦四隻）
　　　　第一水雷戰隊（巡洋艦一隻，驅逐艦四隊）
　　　　第一潛水戰隊（巡洋艦、航空母艦二隻、潛水艦三隊）

第二艦隊（司令長官一、司令官四）

　第四戰隊（戰艦或巡洋艦四隻）

　第二水雷戰隊（巡洋艦一隻，驅逐艦四隊）

　第二潛水戰隊（巡洋艦、航空母艦二隻、潛水艦
　　三隊）

第三艦隊（司令長官一、司令官三）

　第五戰隊（巡洋艦或海防艦四隻）

　第三水雷戰隊（巡洋艦一隻，驅逐艦四隊）

　第三潛水戰隊（巡洋艦、航空母艦二隻、潛水艦
　　三隊）

　第一遣外艦隊（巡洋艦、海防艦、砲艦、驅逐艦
　　若干）

　第二遣外艦隊（巡洋艦、海防艦、砲艦、驅逐艦
　　若干）

　　第一第二艦隊合稱「聯合艦隊」，專負對外作戰之任務，第三艦隊則專責威脅交戰國沿海之任務，官兵連陸戰隊共九萬人，其原有海軍噸數如下：

艦別	隻數	總噸數
主力艦	9	272,070
航空母艦	6	88,420
甲級巡洋艦	14	123,020
乙級巡洋艦	26	144,375

驅逐艦	122	152,270
潛水艦	70	86,049
合計	247	866,204

最近據倫敦《每日捷報》之報告，日本新建艦計劃包括主力艦五艘、巡洋艦二十四艘、航空母艦二艘、驅逐艦三十二艘及潛水艦十二艘，依照其建艦預算估計，可新造二十四萬一千噸艦艇。加上原有數目，則日寇共有軍艦三百二十二艘，總噸數一百十萬七千二百四十噸。日寇海軍實力的雄厚，固然不是我國可望其項背，但我國和日寇的決戰，並不在海上而在大陸，他的海軍威力簡直失其作用，不過能擾亂我沿海口岸，作設許多海盜行為罷了，我們卻可採取避實就虛的戰略，來制敵人的死命。

空軍：日本空軍，無論從質的方面說，或從量的方面說，在列強空軍中都是很落後的，根據一九三六年香西俊久《世界空軍之現勢》，列強航空實力如下（包括陸、海、民間航空在內）

國名	飛機總數	航空預算 （單位千圓）	對於飛機一架的 人口數
美	3297	470607	14009
英	13139	261264	19885
法	9413	2416523	4444
德	4078	———	16013
意	2443	96743	17213

| 俄 | 5000 | ── | 29403 |
| 日 | 1800 | 70000 | 51441 |

　　上列數目固然不一定可靠，因為各國都保持祕密不易明瞭真相，但是從此也可知日本航空事業比起列強來是怎樣遜色了。日本倡設航空省已久，因陸海軍傾軋迄未實現，現在陸海軍仍各自為謀，這是妨礙日本空軍發展的主因之一。隸屬陸軍者有航空兵力八團，由德川好敏統率，內有驅逐機十七連、偵察機十一連、轟炸機八連、氣球隊一連、共三十七連。最近又於大阪新設一團，此外偽滿方面也有航空隊若干。隸屬海軍者，有航空兵力二十二連、氣球隊一連、飛艇隊一連。至於日本飛機的數目，說法不一，據一九三七年《美國航空年艦》之統計，日本有飛機二千架，屬於陸軍者九百四十架，屬於海軍者各艦隊四百八十架，各海港五百八十架，陸海軍共有駕駛員二千三百人及空軍人員二萬二千人，又據一九三六年《德國防空月刊》之估計，日本一九三六年初有飛機二千架，一九三七年能增至二千五百架至三千架。日本國內飛機廠只有三菱、中島、川崎、川西、愛知、石川島、昭和、東京瓦斯等八公司及陸海軍三工廠。較諸美國有八十七家飛機公司，法國有四十八家飛機公司，簡直望塵莫及，日本飛機工廠向來只知出高價購買外國新式機的製作權，請外國技師指導倣製，不過幾年，新式機成了舊品，又不得不去購買更新式的。在技術完全是追隨著西洋走，而且飛機的主要原料鋁的合

金，日本國內出產極少，大半仰賴外國輸入，所以日本的
飛機工業對於外國的依存性極大。如果外國停止了製品或
原料的供給，那末日本戰時飛機的大量消耗必將無法補
充，這是日本空軍的致命傷！

六、認識錯誤與戰略失敗

　　歌德（Goethe）說：「最初的一個鈕釦繫錯，最後的一
個鈕釦便沒法子繫了」。日本軍閥當初發動侵華軍事行動，
就是為了認識錯誤，從頭便錯，且看牠怎樣收場！

　　日本資本主義的矛盾的發展，迫得日本軍閥不得不走
上武裝冒險的路上，而中國政府的和平政策適足助長了東
方唐吉訶德的妄想，在奪得了大於本國三倍的我東北四省
以後，日本軍閥也未嘗不怕食傷而謀暫時休養，然而終因
嘗著了毒藥表面的糖衣，克制不住內心的貪饞，軍部的御
用學者某帝大教授曾說中國史上既有「前漢」、「後漢」、「北
宋」、「南宋」，那末「前清」過了又何嘗不可來個「後清」。
日本軍閥就充滿了這種妄想，而不知「時代之不可以擊」！
唐吉訶德把「滿洲國」、「蒙古國」、「華北國」、「華南國」
一些計劃寫在海濱的沙上，固未嘗不可拿來自我陶醉，可
惜時代的潮流太不容情，馬上就要把牠抹去。

　　以西安事件為契機，日本上下驚醒了中國偉大的進
步，一時「支那再認識」的聲浪，甚囂塵上，就是軍部的
工具——河相上海總領事之流，也不得不承認中國「飛躍

的進步」，於是日本軍閥不得不手忙腳亂起來，可是日本軍閥究懷疑中國進步的程度，究不認識中華民族潛在的偉大反撥力，以為還可趁中國基礎未十分鞏固之時，來一次恫嚇故技，懾伏中國，囊括華北，於是點著了盧溝橋事件的導火線。

在盧溝橋事件發生的當初，日本一部分有識人士頗表憂慮，如東京《讀賣新聞》在事變後第六日發表一段短評如下：

> 「以夷制夷，固然是中國的傳統政策，但是以為柳樹蔭下總有泥鰍，那是未必合理的，今日的中國已不是『吳下阿蒙』，拋棄了依賴歐美主義，舉國一致高喊出自力抗日的口號，這是不能不注視的」。（風塵錄）

日本軍閥見前此屢次恫嚇總是如願以償，所以認為「柳樹蔭下總有泥鰍」，卻不知中華民族的忍耐力，是有限度的！事變突發，近衛內閣即招待各界代表，表示政府決心，要求各界協助，各界代表亦紛紛聲明支持政府，這也無非虛張聲勢，欲藉以增強中國媚日派的發言權，以求達到松室少將所以「不戰而勝」罷了。卻不料我最高統帥振臂一呼，認為最後關頭已到，展開了全民抗戰，這是日本軍閥沒有夢想到的。

日本軍閥認定即使中國用武力抵抗，也斷不是「皇軍」的敵手，因為支那通浪人慣把中國軍隊戲畫化，仍將甲午

戰爭的觀點來估計中國軍隊，以為這次戰爭不過一次輕快的軍事遊戲，中國軍隊絕經不起「無敵的皇軍」一擊的。而且認定正式交戰之後，我國內部必發生分裂作用，如軍事評論家武藤貞一在「天聲人語」短評中有一段話，很可以代表當時軍部的意見：

> 「華北的治安，由二十九軍的協定履行，本可告一段落，蔣氏卻不滿意，命中央軍陸續北上，這不能不認為準備了全面抗戰，既是如此，日本方面就不能不講究非常對策。華北成立獨立政權，將是不遠的事。宋哲元、閻錫山、傅作義、韓復榘等華北五省的獨立自治政府，現在也有實現的可能性。如果南京政府真不顧華北民眾的安寧幸福『？』，那末只有依華北民眾的希望『？』，使這個不發彈重新炸裂。就是說除了使華北強力政府出現與南京政府斷絕關係以外，沒有良策」。

現在事實證明：我們的國軍都是富有現代軍事知能與充滿愛國觀念的優秀戰士，已用英勇的鬥爭答覆了敵人加於他們的侮辱，而宋閻傅諸將軍也都成了抗日聖戰的民族英雄，以堅決的行動回敬了敵人加於他們的誹謗，雖然不肖的韓復榘中了敵人的預言，卻被民族解放運動的怒潮淘去了。

日本軍閥對華認識既犯了絕大的錯誤，所以其由錯誤的認識出發而擬定的戰略，必然的墮入了失敗的悲運。原

來日寇當初的戰略，是欲以立體的精兵突擊主義達成速戰速決的企圖。為什麼牠必須採取速戰速決的戰略呢？史里芬說「現代以工商業的繼續的進步，為國民生存之基礎，所以必須依速戰速決的方式，使陷於停頓的工商業迅速恢復」。魯登道夫說：「近世的國家，為了避免國民的意志因長期戰爭而恐慌動搖爆發革命，和一般產業全部毀滅的危機，都採用速戰速決的策略」。平田晉策也說：「歐洲大戰證明了長期戰爭如何使國家破產民族疲困，歐洲所以陷於今日的窘境，就是由於綿延五年之久的長期戰爭結果。長期戰爭使攻守雙方都陷於衰疲，所以大戰後世界的海陸空軍一齊開始短期戰之研究。現在速戰速決已成了作戰上的一大原則」。因此，經濟基礎脆弱的日本帝國主義，自然格外有速戰速決之必要。而我們的戰略就正針對著牠這一弱點，採取長期戰消耗戰。三十多個月的戰爭，已經證明了誰是成功誰是失敗！日寇為圖殲滅中國主力，始終一貫的運用德國人的主義——「色當」策略，即以「迂迴、包圍」及「殲滅」為目的，策動軍隊集中進攻。七七戰事突發後，日寇用北線全部力量所計劃的第一次「色當」，和九月間在保定及馬廠間所計劃的小「色當」都宣告了失敗。十月和十一月間又企圖在太原從東西兩面迂迴中國軍隊，也未成功，上海戰役中，敵寇於十一月最初幾天從南北迂迴上海，威脅我軍的後方，也因我軍同時從嘉興方面反攻，被突破了包圍線。以後在徐州、武漢湘北幾次大戰中所演的「色

當」，也都遭遇了無情的慘敗。中國軍隊依然保持著不可侮的實力，正在砲火的洗禮下一天天的成長壯大。

日寇當初預料南京失陷，中國即將作城下之盟。後來又認定只要攻下當時中國軍事、政治、經濟的重心——武漢，國民政府必屈膝求和無疑。可是都與其預期相反。中國上下早已認識「中途妥協便是滅亡」的真理，不把日寇趕出國門絕不放下武器，日寇的泥足，已被拖入了無底的泥沼。我們每一寸土地，都要求敵人付出最高的代價。敵軍的損失，陸軍方面，從七七至徐州失守，寇軍死傷在七十萬以上，從徐州失守至武漢放棄，寇軍死傷約四十萬，從武漢放棄至去年五月，寇軍死傷共十五萬餘，從去年五月至現在，經過晉南、湘北、粵北、桂南幾次激戰，寇軍死傷至少在二十萬以上。所以日寇在三十二個月戰爭中的兵力損失，共計已達一百四十五萬人，占其全部兵力約三分之一。空軍方面，據敵大本營二十年一月二十日公布，損失陸海軍飛機共七百十架，損失不堪使用者三百架，共計損失一千零十架，即平均每月損失五十六架以上。海軍方面，據毛邦初氏的調查，在戰爭最初一年半中，日寇軍艦被我神勇空軍炸沉炸傷者。即有一百九十四艘（內四十艘炸沉）之多。由此可知敵人軍事方面的損失，如何慘重！而敵人經濟方面所受的打擊，尤其重大，公債滯銷，通貨膨脹，股票低落，現金外流，和平工業非傷即滯，國家經濟已瀕於破產狀態。我們的長期消耗戰略，實已收穫了偉

大的戰果！

　　但是敵人究竟獲得了什麼呢？即在占領區域日寇的統制也只及於城市和鐵路公路附近的窄狹地帶，即只占有若干「點」和「線」，甚至「線」的維持也很困難。廣大的「平面」，仍屬我政府的支配。正如富澤有為男說的，日寇的占領地，只像若干島嶼浮在茫茫的海洋上。我們一百萬以上的英勇游擊隊配合正規軍深入敵人的後方，隨時隨地擾亂敵人，消耗敵人，牽制敵人，弄得敵人顧此失彼，疲於奔命。蔣委員長在五中全會昭示我們，敵寇從東海邊頭深入我們幾千里的內地，使得寇所占的區域都變成我們正規軍和游擊隊活動的勢力所在，處處受我們的控制，時時遭我們的襲擊，欲前則愈陷愈深，欲退則到處荊棘。目前形勢，敵人確已自陷於孫子所稱的「挂形」的境地，到了「出而不勝，難以返，不利」的境地了。並且敵人過去的戰果，全靠利用機械化的武器，如今戰爭區域移到了山嶽湖沼地帶，機械化的武器已失其效用，敵人更沒有獲勝的可能了。據最近我政府的統計，一九三七年我軍自上海撤退後，寇軍每日平均進展七英里半，一九三八年寇軍前進速度每日已減到五英里，至去年（一九三九年）寇軍進展竟減至每日一英里。這便是敵人愈戰愈弱的一個絕好證明。毋怪敵閥不能不喊出「百年戰爭」的口號了，如陸軍省紀念事變二週年的小冊子告國家總力戰的戰士中謂：「膺懲支那的抗日軍還要數年，至於建設東亞新秩序的基礎，更要五十年

以至百年」。可知敵閥已感到了絕望，知道在自己一代的手裏是萬難實現「建設東亞新秩序」的夢想了。在戰事發生之初，敵閥是何等意氣，經過了三十多個月的戰爭的實驗，原來「無敵的皇軍」黔驢之技不過如此！

第三章　從日本經濟情勢觀察日本必敗

一、侵略的代價

　　現代戰爭，也可說是一種經濟戰爭，如果經濟力量不能支持軍事消耗，結果必難逃失敗的命運。現代戰爭的戰費，由於兵器的進步，動員的大規模化，已遠非前此所可比擬。試翻開統計一看，克里米之戰不過用去三十四億圓，美國南北之戰一百六十億圓，普法之戰七十億圓，日俄之戰五十億圓，而歐洲大戰竟用去三千七百七十二億圓之巨。又如日俄戰爭時，日本兵士每人一日的消耗平均三圓三角，而歐戰時每個兵士一日的消耗平均至十五元之多。

　　我們再看歐戰中列強一日的戰費：

　　　英四七、三六五、二八〇圓

　　　法三五、八三二、四二〇圓

　　　美七二、二〇九、二五〇圓

　　　意一三、七七九、〇九〇圓

俄三八、九六四、九○○圓

德三九、一八七、六八○圓

奧二○、六○五、九四四圓

以上主要七國每日戰費平均達三千八百二十餘萬圓之多，何況歐戰離現在已二十年了。在這二十年間，科學的進步，決定了戰費只有更加膨脹。前數年意大利僅出兵二十萬征阿比西尼亞，並沒有遇著什麼大規模的戰鬥，在最初三個月間，也消耗了六億三千六百萬里拉。所以現代戰爭，必須付出莫大的血本，絕非一件便宜的買賣，我們看看日本的經濟狀態，是不是經得起侵略戰爭的巨大消耗呢？

日本自一九三一年九月東北事變發生後，便踏入了所謂非常時期，在財政上呈現了很大的變化，國家預算急速的膨脹，而軍費的膨脹尤其可驚。我們先把「九一八」至「七七」的日本預算檢討一下：日本國家預算一九三一年度——十四億七千六百萬圓，一九三二年度——十九億五千萬圓，一九三三年度——二十二億一千五百萬圓，一九三四年度——二十一億六千三百萬圓，一九三五年度——二十二億一千五百萬圓，一九三六年度——二十三億一千一百萬圓，一九三七年度——二十八億二千萬圓。即七年之間，國家預算增加了二倍，而其中增加最多的是軍事費，行政費卻增加得很少。請看下表：

年度	軍費（在總歲出額中所占的百分比）	行政費（在總歲出額中所占的百分比）
1931	454（31）	808（55）
1932	686（35）	1023（52）
1933	872（39）	1047（46）
1934	941（44）	860（40）
1935	1022（46）	803（36）
1936	1058（47）	869（36）
1937	1410（50）	1003（35）

（註：單位百萬圓）

　　根據上表統計，日本軍費在「九一八」至「七七」的七年之間，從四億五千四百萬圓增為十四億一千萬圓，竟增加了三倍強，其在總歲出額上所占的比率由一九三一年的三一％，增為一九三七年的五〇％，可是行政費卻增加得很有限，一九三一年為八億零八百萬圓，在總歲出額上所占的比率為五五％，至一九三七年為十億零三百萬圓，不過增加了一億九千五百萬圓，在總歲出額上所占的比率卻逆轉為三五％了。可知日本國家預算不住的膨脹，完全是九一八事變種下的惡因，日本軍閥為了提防中國奪回東北與準備對付列強，無時無刻不在被亡靈鞭打著高喊「軍費！軍費！」國家財政遭受這種非生產的浪費，早已元氣大傷了。

　　自七七戰事發生後，在龐大預算的重壓下的日本，更不得不背上一筆天文數字的戰費。戰事發生不久，第七十

一次議會即通過華北事件費五億三千六百萬圓，後來第七十二次臨時議會又通過侵華戰費二十億二千二百萬圓，兩次共計二十五億五千八百萬圓，恰相當於中日、日俄、歐戰參加三次戰役的日本總戰費（中日之役日本戰費二億四十七萬圓；日俄之役十五億八百四十七萬圓；歐戰參戰費八億八千一百萬圓）。結果，一九三七年度普通預算與侵華戰費合算，共達五十三億七千八百萬圓，其中軍費與戰費共計三十九億圓，在總歲出額中占百分之七十二，打破了日本財政史上空前的記錄。一九三八年第七十三次議會通過普通預算為三十五億一千萬圓（陸軍軍費五億六千四百萬圓；海軍軍費六億七千七百萬圓），侵華戰費為四十八億五千萬圓，合計八十三億六千萬圓。一九三九年第七十四次議會通過了普通預算為四十八億零五百萬圓（陸軍軍費四億九千五百萬圓；海軍軍費六億五千三百萬圓），侵華戰費為四十六億零五百萬圓，合計九十四億一千萬圓。一九四〇年度，櫻內藏相仍踏襲阿部內閣之預算方針，決定普通預算五十九億圓（陸軍軍費十二億七千九百萬圓；海軍軍費十億二千九百萬圓），侵華戰費四十四億六千萬圓，合計一百零三億六千萬圓。即四年間侵華戰費已達一百六十四億七千三百萬圓之巨，普通預算中的陸海軍費還不在內。如果把一百六十四億戰費換為一圓紙幣，那末其長度可以在地球與月亮之間來回六次（地球與月亮的距離為三八四四一六粁，一億張一圓紙幣堆積起來長一四四〇〇

秕），這是一個怎樣驚人的數目！如把本年度預算與一九三一年度的預算比較一下，差不多增加了八倍！日本帝國主義究竟有什麼法力，能保得住國家經濟不發生破綻？

二、戰費來源的枯竭

日本戰費的支出既如是浩繁，那末牠從哪裏去找這一大筆財源呢！大凡一個國家的戰費來源，不外發行公債；徵收租稅、募集外債、振興貿易等數種，究竟日本如何？現在來分別檢討一下：

（1）公債

自九一八事變以來，由於軍費逐年激增，日本財政已感到支絀，收入方面即有三分之一是依賴發行公債，試看下表：

年度	歲入總額（單位百萬元）	公債（單位百萬元）	公債占歲入總額中的百分比
1931	1531	120	7.8
1932	2045	660	32.2
1933	2332	753	32.3
1934	2247	743	33.0
1935	2259	678	30.0
1936	2306	704	30.5
1937	2874	824	28.6

日本大批赤字公債的主要吸收機關，為全國各公私金融機關。我們要明白各金融機關消化政府所發公債的情形，可看下表：

日本各金融機關歷年所有國債額增加狀況表

年度末	銀行	信託	大藏省儲金部	保險公司	簡易保險公司	合計
1931	2056（45）	103（22）	1087（43）	121（12）	88（41）	2454（39）
1932	2169（47）	105（22）	1093（40）	114（11）	106（43）	3587（39）
1933	2710（52）	154（27）	1348（44）	128（10）	116（30）	4456（42）
1934	3287（56）	245（30）	1614（47）	51（17）	141（26）	5530（45）

（註：單位百萬圓括弧內數字為該金融機關所持公債額對於其投資總額所占之百分比）

據上表統計，一九三四年日本全金融機關投資總額中的百分之四十五，盡為赤字公債所占，從這裏可知日本金融界赤字公債氾濫的一斑。可是這還是中日戰爭以前的事，以後的情形就更加嚴重了。

自七七戰事發生後，華北事件費二十五億圓中，即有二十四億圓是依賴發行公債，一九三八年度發行公債五十四億六千萬圓，一九三九年度發行公債五十九億二千四百萬圓，一九四〇年度又預定發行公債七十六億二千九百萬

圓。可知日本籌措侵華戰費的主要手段是依賴發行公債，按日本公債一九二六年為五十一億六千二百萬圓，一九三一年為六十一億圓，一九三七年十二月為一百十八億九千三百萬圓（據大藏省發表數字），一九三九年十一月為一百九十五億九千二百萬圓（同上），現在當已突破二百億圓以上。日本人口為七千三百萬人，照人口分派，每人平均所負國債額在二百七十圓以上，日本每年國民收入如以一百五十億圓計算，每人不過分得二百零五圓，將每人全部收入額抵充國債，也還倒欠六七十圓。這麼沉重的擔子，叫已在忍凍挨餓的國民如何背負得起？

　　日本政府為了要求消化這巨額的公債，不得不採用各種政策，主要的是；（一）實行低金利政策，即以人為的力量減低各種金融往來上的利息，以利於出賣公債。但其結果，難免阻礙儲蓄，侵蝕生產資金。（二）是運用公債市場政策，即政府把大量資金散布給工商業家，在這些資金回流到金融市場時，日本銀行即出賣其所承受的公債。這樣，便可緩和通貨膨脹之危機，但其結果，難免一部分資金逃避於生產擴充，因而影響公債的購買力。（三）強制儲蓄，去年日本政府曾發起一百億圓的儲蓄運動，但其成績並不見佳，因為今日日本國民在重重壓榨之下，生活尚且難保，哪裏還有餘力來儲蓄，這些矛盾，就是日本公債政策實施的障礙。

　　日本帝國主義為了侵略費的無著，將來當然也還只有

繼續發行大批公債，但民間的公債消化力，實已達到飽和狀態，公債滯銷的結果，銀行便只有增發紙幣來繳付價款，所以日本紙幣的發行額，已由一九三七年的二十三億九千九百萬圓，增至一九三八年十二月的二十九億四千六百萬圓，再增至一九三九年十一月的四十億四千四百萬圓，很顯然的，日本紙幣發行額已超過了經濟社會流通所必需，惡性通貨膨脹的信號已經發出了。日本理財專家高橋是清曾說過：「日本公債如超了一百億圓，便足以亡國。」如今已突破了二百億圓，可知敵國經濟總崩潰的時期絕不在遠了！

（2）租稅

　　日本帝國主義為了籌措龐大的侵華戰費。除了發行公債，便是執行竭澤而漁的增稅政策。本來日本人民在中日戰爭之前，即以不勝苛捐雜稅之苦，據鈴木茂太郎的估計，凡每月生活費用在九十圓上下的下級官吏，每年就要負擔四十四圓餘的國稅，可知其捐稅就是如何繁重了。

　　自中日戰事突發後，賀屋藏相即在議會中提出一億零二百萬圓的緊急增稅案，其項目，公司盈餘稅增百分之十，所得稅增百分之七十五，資本稅增百分之五，甚至連樂器、照相機、電影機、留聲機，都要按值增百分之二十的稅，一九三八年賀屋藏相又在議會中提出三億圓的增稅案。為增稅而新創的「中國事變特別稅」的項目繁多，如所得稅、法人資本稅、臨時利得稅、食糖消費稅、交易所稅、紅利

稅、公債及公司利息稅、通行稅、娛樂場所入場稅、物品稅等，此外又恢復轉運稅及新屋建築稅。其中三分之二是所得稅，其餘則為消費稅。消費稅固然歸國民大眾負擔，所得稅亦絕非富豪稅，大半仍以小市民及勤勞大眾為對象，因所得稅的免稅點已從一千二百圓減至一千圓，即凡每月薪金在八十五圓左右者皆須繳納所得稅，因此納所得稅者突增五十萬人。一九三九年石渡藏相又發表一億九千五百萬圓的增稅案，以臨時利得稅（計增八千萬圓）與物品稅（計增六千萬圓）為中心，共占增稅總額百分之七十，其餘如清涼飲料稅、印花稅、飲食遊興稅，計增四千四百萬圓。一九四〇年度已規定增稅八億一千四百萬圓，增加稅額，以繼承稅、遺產稅、外幣稅、特別稅、酒稅、糖稅等為最多。有使人驚奇者，新定之所謂奢侈稅項目內，除上次已徵之綠茶、肥皂、牙膏、牙粉、仍徵百分之十外，又規定對於新栽植之花草及犬貓與鳥類等之家庭動物，不照各物所值，徵稅百分之十，可見敵政府搜括人民真是無微不至，本年度日本國稅總額已達三十五億四千一百萬圓（內直接稅二十三億七千五百萬圓，間接稅八億八千八百萬圓，流通稅一億七千九百萬圓，其他九千八百萬圓），而一九三一年的日本國稅總額不過九億七千一百萬圓，即自「九一八」至今，日本國民負擔稅額差不多增加了四倍。但是敵政府儘管厲行橫徵暴斂，而稅收數目，如與龐大的戰費比較起來，仍是杯水車薪無濟於事。

　　日本帝國主義為應付龐大的戰費，以後當然將繼續執行增稅政策，因為戰時增稅有擔保公債利息及公債消化之補助作用，並且可以吸收國民購買力，防止國民物資需要的增大，助成國民儲蓄節約之強行。不過日本國民經苛捐雜稅的剝削，實已精涸髓竭。日本政府竭澤而漁，恐怕結果只有促成社會革命的危機罷了。

（３）外債

　　舉借外債，也是戰時理財家的一種籌款方法，據羅利倍夫的研究，在第一次歐戰的各國戰費中，平均國內公債占七八・七％，外債占一二・九％，此外租稅占七・四％，可知外債在戰國財政中的地位的重要。可是這對於日本帝國主義，卻簡直沒有希望。

　　日本自強占我東北後，在外國沒有發行過公債，戰時公債是一種十分危險的投資，除非極願其戰勝的同盟國家，絕沒有願冒這種險的，日本野蠻的侵略行為，各國莫不深惡痛絕；何況日本的經濟基礎又極其脆弱，所以各國認為與其借款給日本還不如借款給中國的好。瓦爾加（E.Varga）說：「因為債務人中國較日本為可靠，中國財政上與經濟上之地位較日本為鞏固。」七七戰事發生不久，日本經濟評論家津村秀松即撰文主張派金融使節赴美向猶太財團借款，後來滿州重工業公司的鮎川，東方拓殖會社的安川，也曾計劃到美國去借款，可是這些希望都不曾圓滿的實現，因為愛好和平的美國國民是不肯讓美國政府大

批借款給日本的。如一九三八年一月間曾傳摩根銀行將借款五千萬美圓給日本，因遭遇美國國民的反對而挫折。同年五月間，日本政府向美國政府交涉九千萬美圓的棉花借款，也因為日本本國的棉業停頓和轉賣的不可能而不能實現。同樣，日本政府向印度交涉的三千萬圓的棉花廢鐵借款，也歸於失敗，日俄戰爭時，日本所以獲勝，就是由於英美不惜與以財政的援助，這次因為戰爭的性質不同，英美既不願援助牠，就是盟邦德意也因自顧不暇不曾給牠什麼財政上的助力，最近德蘇締結了《互不侵犯條約》，美國廢止了《美日商約》，國際環境對於牠更不利了，日本欲向外國舉借外債更是絕望了！

（4）貿易

　　日本國內資源缺乏，必需從國外輸入原料，製成商品而再輸出，在平時，這批交易是日本一筆重要財源。但自九一八事變後，日本經濟進入準戰時階級，軍需工業日形發展，而這些軍需品是不能賣錢的，同時和平工業，卻與軍需工業成反比例而日趨萎縮，於是入超就只有增大，試看下表：

日本商品貿易表（單位百萬圓）

年份	出口	進口	總數	結餘
1930	1470	1546	3016	-76
1931	1147	1236	2383	-89

1932	1410	1431	2841	-21
1933	1861	1917	3778	-56
1934	2172	2283	4455	-111
1935	2499	2472	4971	+27
1936	2693	2764	5457	-71
1937	3175	3783	6959	-608

　　根據上表統計，日本自一九三〇年至一九三七年，除了一九三五年稍有出超外，歷年都是入超，一九三七年入超竟達六億圓之巨，原來日本經濟的脆弱性，是不容許有入超的現象的，因為日本金融資本不夠發達，現金的貯藏量太貧乏了。這一個龐大的入超數目，當然搖撼了日本整個的經濟機構。

　　自七七戰事爆發後，日本便厲行貿易的統計政策，禁止或限制軍需品以外的不急要品的輸入，以求避免入超的危機，九月十日實施《輸出入品臨時措置法》，至一九三七年年底，禁止輸入的物品達二百六十九種，限制輸入的六種，禁止輸出的十種，這二百七十五種物品的輸入限制與禁止，便發生了供需不均的問題，致使物價愈加騰貴，促進惡性通貨膨脹的發展，他方面為日本輸出產業的原料之棉花、羊毛、木材等因被限制輸入，原料不足，成本價格提高，致使輸出業愈陷於不振，不但不能達到一般貿易的平衡目的，且無法償還巨額軍需品的輸入。於是日本政府

不得不急圖改變政策，「貿易聯繫制」乃替代《輸出入品臨時措置法》而出現了。

　　所謂「貿易聯繫制」，即以個人或團體為對象，實施輸出與輸入的聯繫，就是說貿易商將國產貨物先行輸入則國家許可其將來有輸入某種物品的權利，或者貿易商先從外國輸入某種物品，則有在限定期限內輸出某種國產商品的義務，這種制度，在促進輸出上確有多少效果，但究不能解決日本戰時國際貿易的根本矛盾。因為原料不能滿足的輸入，輸出商品的騰貴，戰時交通工具的缺乏，以及各國對日的惡感等等，輸出受了很多限制，反之，輸入軍需品卻必須增大，結果，國際收支的惡化仍然無法避免，日本近兩年雖然表面出超，那徒表示其對偽滿及我淪陷區的「日金集團」之輸出增加，那卻是不能獲得外匯換取軍需品的；而對外國的「純輸出」，仍只有減少。例如一九三八年上半年對外輸出減少二一％、內荷蘭減三七％、法國二四％、英國九％、美國四八％、馬來半島七五％，主要輸出商品棉布一九三八年一月至十月之對外輸出額為二億四千六百七十萬圓，較前年同期減少一億五千三百十萬圓，即減三八‧三％；生絲同期輸出額二億二千五百萬圓，較前年同期減少一九％；絲織品輸出額三千一百萬圓，較前年同期減少三八‧九％；人造絲減少八四‧九％。又據櫻內藏相在議會之報告，一九三九年之輸出，較前年增百分之二十，雖對「日金集團」之輸出有顯著之增加，但對外國仍屬入

超，日本輸出貿易的這種銳減趨勢，當然便只有靠運出大量現金來彌補入超的漏洞了。

　　歐戰發生後，日本頗想重溫第一次歐戰的黃金之夢。（當時日本曾獲貿易上的純益十四億圓，貿易外的純益亦達十四億圓，共約二十八億圓。）因有創設貿易省之議，欲調整整個貿易機構，趁各國忙於戰爭發一筆洋財，以補償侵華戰事中之巨大損失。可是不久，日本的黃金之夢就醒了，發現了國際環境和國內環境和從前完全不同了：（一）今日日本國內厲行匯兌管理，貿易分配限制以及其他限制通商之政策，都是從前沒有的，並且今日日本本身即捲入戰爭漩渦中，資金、物資、勞力都感不足，這也不可和當時同日而語。（二）當時英日有同盟關係，故日本商品得自由進出其屬領地，又因日本處於協約國方面，故與美俄的關係亦稱良好，而獲得輸出上的便利，今則日本因侵害列強權益，和列強都站在敵對地位，（三）當時美國之生產力尚未充分飽滿，故購自日本者很多，今則美國之生產設備早已發生過剩。且當時工業尚未發達之各後進國，今亦已有顯著的進步，如印度便是一例。（四）今日日本為破壞世界和平的罪魁，世界人士莫不痛恨，發起大規模的杯葛日貨運動，這是從前沒有的事，（五）就一般的形勢言，今日世界各地已為集團經濟所控制，列強高築關稅壁壘於自己集團的周圍，這也是與當時截然不同之點。從這五點看來，可知日本今日絕不能從歐戰獲利，反之，由於交戰國限制

非戰爭必需品之進口與限制戰爭必需品之出口，日本反將蒙受惡影響，所以日本的貿易前途，是非常暗澹的。

　　與對外貿易有密切關係的，為現金問題，戰爭突發後，日本原想利用輸出商品獲得的外匯，和本國及朝鮮偽滿出產的黃金，以充對外的支付，不料輸出既陷於不振，黃金產額復興預定數量相差太遠，獲得的外匯和產金既不敷對外的支付，自然便只有輸出現金了，日本銀行存金一九三七年八月為四億八千萬圓，後來實施金準備新評價法，將前項數目按時價重新估定，得十四億一千四百萬圓，其中八億圓作日本銀行之現金準備，六億圓劃入資金特別會計，為平衡國際收支以充現金之用。日本運出現金，據《日本經濟年報》之統制，一九三七年度運出八億六千萬圓，又據畢遜（T.A. Bisson）之統計，一九三八年度運出六億三千四百萬圓，兩年共計運出十四億九千四百萬圓，將日本銀行的存金抵銷，尚不足數千萬圓，不過日本每年可產金約二億圓，自「七七」至現今，估計產金約五億圓，此外搜刮民間藏金可得四五千萬圓，共約五億五千萬圓。證以一九三七年與一九三八年由於購買大批軍需品運出黃金都在六億圓以上，那末這五億圓數目在一九三九年恐怕已經用光了。否則亦必所存無幾了，現金既已用罄，日本將如何應付國際支出，難道日本軍閥能用不值錢的眼淚去賺軍需品嗎？

三、工業危機

（1）工業的跛行發展

　　日本工業的構成，本以輕工業——和平工業為骨幹，但近年來軍需工業的發展大有一日千里之勢，和平工業漸為軍需工業所壓倒，日本工業，漸形成畸形的變態的發展，如一九三一年軍需工業生產額是十三億一千萬圓，其在總生產額中所占的比重為三〇％，和平工業生產額是二十八億四千萬圓，其在總生產額中所占的比重為七〇％。可是到了所謂軍需景氣的第三年——一九三四年，軍需工業生產額增為三十億二千萬圓，其在總生產額中所占的比重為四二％，而和平工業卻減為四十三億六千萬圓，在總生產額中所占的比重為五八％，從這裏便可看出日本工業在九一八事變後三年間發生了怎樣大的變化。

　　日本軍閥自九一八事變以來，努力擴充軍備，因此感到生產的不足。所以廣田內閣以來，擴充生產力一項成為重要國策，所謂擴充生產力，就是擴充軍需工業，他方面即意味著犧牲和平工業，日本軍閥欲使以輕工業為中心的工業構成轉到以重工業為中心，如從計劃資本上便可很明顯的看出這一傾向。下面是日本銀行計劃資本的調查：

國防產業與非國防產業計劃資本調查表（單位百萬圓）

	1931 年		1935 年		1936 年		1937 年	
	金額	比率	金額	比率	金額	比率	金額	比率
國防產業	193	34.6	763	53.4	982	49.1	2239	61.7
非國防產業	356	65.4	664	46.6	1018	50.9	1388	38.3

　　從計劃資本看，國防產業與非國防產業的比重，在一九三一年同一九三七年完全顛倒過來了，在一九三一年的計劃資本金額中，國防產業所占的比重為百分之三四・六，非國防產業為百分之六五・四，在一九三七年，前者為百分之六一・七，後者為百分之三八・三，又如所謂「日滿產業擴充五年計劃」，更明顯的表現出日本軍閥的野心，自一九三七年至一九四一年想把軍需產業的生產能力，擴充到一九三六年的一倍左右，其中也有預定擴充兩倍三倍甚至十倍二十倍的，自七七戰事發生後，日本政府更公布了《臨時資金調整法》及《輸出入品臨時措置法》，從資金與物資兩方面極力抑壓非軍需的物資之消費，於是和平工業

一方面苦於資金缺乏，一方面苦於原料不足，遂愈加日趨萎縮，據英文《日本時報》的統計，一九三七年十月一日至三八年三月三十一日，日本工業投資額為十九億四千六百萬圓，投到軍需工業方面去占百分之九三，投到和平工業方面的只占百分之四‧七，其餘百分之二‧三投到農漁業，尤其是棉花羊毛等原料輸入之受限制，更給了和平工業的致命傷，試看下表，便知戰後和平工業原料之輸入是怎樣可驚地減少了。

戰前戰後和平工業原料輸入對照表（單位千圓）

	1938 年 1 月至 5 月	1937 年同期	減少百分比
棉花	174,425	551,113	68
羊毛	37,427	218,183	82
製紙原料	31,646	38,319	17
生橡皮	25,075	58,510	57
木材	8,966	8,516	51
麻類	9,531	19,234	50
小麥	4,801	15,079	68
糖	5,096	6,401	20

　　由於原料的缺乏和統計，戰後和平工業只得停工或減少工作時間，例如日本棉織業「八一三」時總計有八百萬綻，至一九三八年停工的達三百五十萬綻以上。生絲業只

就新潟縣而論，一九三八年即有二百多家人造絲廠停工，京都絲織業，從一九三七年八月起便減少百分之二十的生產，尤其是許多中小棉織工廠，主要的是為國內市場而生產，因為棉花入手的困難，停工的達十分之五六（據《經濟學者》旬刊之估計）。從這裏，可知戰後和平工業的命運是怎樣悲慘了！

但是日本是貿易國，和平工業——輕工業，本是牠的生命線，今工業跛行發展的結果，軍需工業替代了和平工業的地位，軍需品卻是非生產的，不能拿去賣錢換外匯。和平工業的衰退，即意味著貿易的衰退，貿易的衰退，即意味著日本財政收入的減少，這顯然給牠國民經濟一種很大的威脅，並且日本是個資源缺乏的國家，從前是靠輸出輕工業品來作輸入重工業原料的財源，今輕工業既趨萎縮，那末牠從哪裡去尋找這筆購買原料的財源呢？所以日本輕工業固然犧牲了，日本重工業基礎的確立，卻也還是難關重重，這是日本工業的嚴重危機！

（2）資源缺乏

日本是個面積很小的島國，資源缺乏為其資本主義的致命傷。所以冒險發動侵略戰爭，大半就是為了想攫取我國的資源為其資本主義的續命湯，據薩爾太（A.Saltes）的研究，近代國家有二十五種資源是維持生存絕對必要的。由於原料的分布限於地理的關係，現在世界列強沒有一個不惱於原料問題。情形較好的是英美，蘇聯也缺乏五六種，

最可憐的是德意日三個惡棍。德國缺乏十八種，意國缺乏十六種，日本也缺乏十五種之多，尤其是自陷入長期消耗戰的泥淖以來，資源缺乏，更成為日本頭痛的種子。除了一面加緊搜括我淪陷區的物資以外，特實行所謂物資總動員計劃，以謀確保軍需資源的供給，這個計劃內容，包括消費節約，代用品之強制使用，主要物資之積極生產，廢物之收回，輸出入分配機構之整備等，現在日本為節約原料，人民衣食住無不受限制，新衣不許添製，要製也只能使用代用品的人造棉、人造絲，日常食米只限於糙米，為了節省建築用的材料，住宅新建以三十坪為限，為了節省煤炭，許多澡堂都關了門，為了節省鋼鐵，一切鋼鐵的日用品都被禁止。從這裏，可知日本資源恐慌是怎麼深刻了，我們可以斷言：無論日本帝國主義如何努力，這種困難也是斷難克服的，現在來把日本缺乏的主要國防資源檢討一下：

石油：法國名將福煦（Foch）說過：「戰時一滴石油與一滴血液有同樣的價值」。最近軍隊的大規模機械化動力化，更增加了石油在戰爭中的重要性，譬如戰車、軍艦、汽車、飛機等，沒有石油便都不能行動。據休坦比加的推算，今日一個師團裝備的動力機械當在四萬三千二百四十馬力以上。可知在戰爭中液體燃料消費量之大。日本是產石油很少的國家，每年產量不過二十餘萬噸，一年的產油量僅有美國十七點□之多。每年平均石油消費量約三百五

十萬噸。其中本國所產只占百分之八，其餘完全依賴外國輸入。主要的是美國，每年輸入達一億圓之多，日本在北庫頁島雖握有石油權益，年產不過二十萬噸左右，國內新潟、秋田、北海道雖略有出產，但據《李頓報告書》之調查：「日本內地之油田，今後十年將完全老廢」。日本政府為圖石油之增產，特獎勵人造石油之研究，其方法有三：（一）煤炭低溫乾餾法，朝鮮石炭礦業會社及宇部窒素工業會社即用此法，年產油數萬噸（二）煤炭直接油化法。據小島精一的推算，一九三八年滿鐵撫順工場可用此法產油二萬噸，朝鮮石炭礦業會社可用此法產油五萬噸（見《重工業讀本》）、（三）揮發油合成法，三尹礦山會社正在試驗中，日本石油資源既如此貧乏，到了戰時不管技術如何進步，也斷不能增產至七十五萬噸以上，而戰時日本石油的消費量，據蘇聯坡坡夫之估計，須六百五十萬噸至七百五十萬噸。這是怎樣巨大的差額！現在美日關係漸趨惡化，倘美國一朝實行對日禁運，斷絕了石油供給，日本將怎樣維持戰爭？

煤炭：日本平時每年煤炭消費量在三千萬噸以上，即一般工業用一千三百萬噸，船舶用六百萬噸，火車用四百萬噸，家庭用三百萬噸，礦山用二百五十萬噸，水力發電所用五十萬噸，瓦斯用百萬噸（見工業之日本社編《國防工業讀本》）。到了戰時，煤炭的需要自必大大激增，每年至少須五千萬噸以上。可是日本國內煤炭的儲藏量極貧

乏，僅有八十二億七千六百萬噸，約占世界總儲藏量百分之〇‧二，且煤質極劣，不能供煉鋼之用，牠煤炭的供給，大半仰賴我國輸入，以昭和十年為例，由我東北輸入煤炭值三千一百萬圓，由我本部輸入值八百萬圓，此外又由安南輸入一千萬圓。日本發動華北戰爭，井陘大同的煤便是牠的垂涎物之一。可是牠的迷夢卻完全被我英勇的游擊隊粉碎了。

　　鋼鐵：「鐵與煤支配世界」，這是一句流行已久的話，鐵的用途甚廣，如大砲、機關槍、坦克車、飛機、汽車、軍艦的製造，都不能離開了鐵。日本鐵砂的資源極其貧乏，據斯托克荷爾姆（Stockholm）的世界地質學會的調查，日本鐵砂埋藏量僅五千六百萬噸，占世界總埋藏量百分之〇‧二三。最近《東京日日新聞》載稱，尚不足供四五年之用，一九三六—三八年，日本每年平均鐵砂需要額量是四百零二十萬噸，自給額一百九十四萬噸，不足百分之五二‧三，仰給馬來半島、我國、澳洲、菲列濱等處輸入，我國長江沿岸鐵砂之採掘額每年平均達百萬噸，在日本資本統治之下的占三分之二，鐵砂的大部分向日本輸出，英領澳洲產鐵砂甚豐，日本除與澳大利亞政府訂有購買鐵砂契約之外，並和英國經營的採礦公司訂立了每年購買百萬噸的契約，此外，和菲列濱也訂有每年購買五十萬噸的契約。至於銑鐵，日本一九三六—三八年平均每年需要額二百七十六萬噸，自給額二百五十五萬噸，不足百分之九‧

八，仰賴我國東北、印度、蘇聯輸入。日本鋼鐵材一九三六年需要額二百五十萬噸，自給額二百四十萬噸，不足百分之八‧五，仰賴德美等國輸入，日本鋼鐵對於外國的依存性既如此之大，那末戰時如何調劑供需，自然是一個很大的難關了。

鉛：鉛可供製造子彈、電池，及其他化學工業之用，且可作硝酸工業之鉛室和電池極板基本工業之用，日本鉛的生產極其貧乏，年產約七千噸，需要額則在十萬噸以上，百分之九三‧二，都靠外國輸入，一九三六年鉛之輸入額為二千七百萬圓，戰時需要須增十倍，更因世界鉛市價之暴騰，日本每年購買鉛，至少須付出二億圓以上巨款。這自然給牠一種很大的痛苦。

錫：錫可用於製造雷管、信管並可供合金材料之用，尤其是軍用罐頭及其他食品類的裝置須使用多量的錫。日本錫的著名產地，是兵庫縣的明延礦山與大分縣的尾平礦山，年產尚不到百萬斤，而每年錫的需要額卻在七百萬斤以上，大半賴海峽殖民地及中國輸入，一九三五年錫的輸入，值一千五百五十萬圓。最近日本在泰國獲得了錫礦採掘權，但英國亦已在泰國開採錫礦，所以英日在泰國的衝突日形尖銳化。

鋁：鋁是一種極重要的輕金屬，主要用途為製造飛機、炸彈、燒夷彈、手榴彈、彈藥筒，又為製造飛機的機械發動機等不可缺的原料，且鋁屑和硝酸醯混合，又可製成爆

炸物，日本在一九三四年以前簡直沒有鋁的生產，到一九三四年纔出產極少數劣質的鋁，現有日本電工、日滿鋁業、住友鋁業等公司製鋁，但日本缺乏鋁的原料鐵礬土。伊豆半島的明礬石，加里分非常缺乏，沒有採用的希望。只有用朝鮮羅南道產的明礬石，含有鋁質不及百分之三十，較鐵礬土少一半多，如要製成良質的鋁，生產費極高。所以原料還須向南洋馬來半島購入。一九三六年日本鋁之輸入為一千三百萬圓，戰時必須增加十五至二十倍，日本須付出購買費二億五千萬圓左右。

鎳：鎳和鋼混合，可以鑄成一種合金，這種合金，可用以製造鐵軌、鐵甲板、鑄型、引擎與熔爐戰艦用之金屬，及砲彈槍彈推進器的電解鎳。日本鎳的出產每年不過一百噸，需要額為三千噸，不足百分之九十六，全靠英美德比諸國輸入，最近日本政府制定《臨時通貨法》，收回含有鎳質的貨幣，以供軍需工業之用。

鎂：鎂與鋁的合金，為製造飛機的重要原料，又為火藥中不可缺的原料。鎂質在金屬中最輕，無物可以代用。日本鎂的資源缺乏百分之百，專家估計日本戰時當有二億圓之代價流入外國。

銻：銻也是軍需火藥上不可缺的原料，日本銻的資源缺乏百分之九二‧一，平時大抵賴中國輸入。目前銻礦出產地均在我掌握中，日本絕不能利用我國之資源，必須從外國輸入。一九三六年日本銻輸入額為二百五十萬圓，戰

時有增加十五倍至二十倍之必要，當有數千萬圓流入外國。

橡皮：橡皮也是極重要的軍需原料。用途甚廣，可用來製造防毒面具及汽車胎、飛機車輪、橡皮汽艇等。一九三一年日本使用橡皮還居世界第五位，至一九三五年忽躍為第三位。日本每年需用橡皮七萬噸，約值五千五百萬至六千萬圓。但日本只有博寧及台灣稍植橡樹，而人工橡皮又未化驗成功。所以日本橡皮百分之九九‧八均仰賴海峽殖民地爪哇、印度等處之輸入。據蘇聯軍事家之估計，日本戰時每年需要橡皮十萬噸之多。那末戰時如何調整橡皮的供需，不能不說是日本最大的苦惱之一。

棉花：紡織業為日本之支柱工業，而其原料棉花卻不足百分之九九‧九，據日本貿易統計，棉花的輸入值常占總入口值三分之一，一九三六年棉花輸入達八億五千零十萬圓，其中百分之四三‧八來自美國，百分之三七來自印度，百分之四‧三來自埃及，其餘則為鮮棉與華棉。到了戰時，棉花除供給兵士被服與醫藥用途之外，又為製造所謂硝酸纖維的無煙火藥之用。當然需要額必大激增。日本為了節省這筆巨款，不得不犧牲和平工業而限制棉花之輸入，又強制國內人民購用替代用品，限制棉花消費，真是窮態畢現了。

羊毛：羊毛為毛織業之原料，戰時軍服軍氈需要大量的羊毛。日本羊毛百分之九九‧八從外國輸入，一九三六年輸入總值二億一千二百五十萬圓，其中澳洲占百分之七

〇・二，南美占百分之六，南非占百分之八・三，其餘則自中國輸入。日本為解決羊毛問題，除一面搜括中國的此種資源外，一面積極的研究代用品，目下各工廠都在試驗，但仍無良好收穫。

食糧：沙康斯基說：「軍隊的組織從胃腸始」。這句話實含有充分的真理，看第一次歐戰的實例便可明白，當時德國之失敗，與其說敗於戰略戰術，毋甯說敗於軍隊與國民之胃腸不充實。日本食糧，合內地與殖民地而言，據陸軍糧秣廠三好采女之統計（由昭和三年至七年平均），每年消費額為一億四千四百九十萬石，生產額為一億三千二百六十萬石，不足額達一千二百三十萬石，約占全消費二八％。又據三好采女之估計，在全部食糧生產額中，米占六三％，麥占二五％，其他共占一二％。日本人以米為常食，故需要最多，日本內地每年需米六千三四百萬石，不足千餘萬石。自日本政府施行米增產政策以來，朝鮮、台灣米穀輸入內地的數目日增，所以內地平常每年反而有所謂「過剩米」。可是這種「過剩米」，並非出自朝鮮、台灣的正當剩餘，祇因殖民地農民在種種剝削之下為了需要現錢，不得不出賣自己所生產的良米，而另向我東北購買雜糧以充食用。所以若合日本內地與朝鮮、台灣而論，日本米的生產實不夠消費。（見八木荒之助《米穀統計論》）至於其他食糧，據陸軍糧秣廠之統計，大豆每年不足四百四十萬石，大半由我東北輸入，小麥每年不足三百五十萬石，多由加

拿大、澳洲輸入。近年小麥增產計畫成功，漸能自給自足，粟不足百八十萬石，由我東北輸入。小豆不足七十萬石，由中國及印度等處輸入。玉蜀黍不足五十萬石，由我東北、荷屬印度、阿根廷等處輸入，以上是就平時而言。到了戰時，農民被徵去前線，田園荒蕪，糧食生產必將減少；反之，需要方面卻隨著暫時勞動的增加而激增，且為謀軍事便利起見，當於兵站囤積相當食糧。所以日本戰時食糧資源問題必呈嚴重現象。自一九三八年以來日本政府制定食料增加生產計劃，這一計劃包括增產稻米四百萬石，小麥一百五十萬石，但由於連年的天災，預期的目的並沒有達到。倘若戰爭延長，日本恐怕是無法避免戰時饑饉而重演德國的失敗罷？

除上述諸種原料而外，如化學工業必需的白金，日本百分之九九仰給於蘇聯及英美法等國。衛生材料及化學材料試驗不可缺的水銀，百分之九一・六仰給於意法等國。鋅一半取給於加拿大、澳洲。硝酸鹽百分之三四・八取給於海外，燐百分之八七靠美國、中國、埃及、印度輸入，總之，日本國防資源極其貧乏，單就這點說，日本也無論如何不能支持一個長期戰爭！

四、農業危機

日本在過去數十年中，顯著的工業化了，但農業甚至在現在仍是日本的大部經濟基礎，日本農業的特點，是全

部面積中可耕種的土地極其微小，不到總面積百分之十六
是可耕種的土地，有五百五十萬農家在從事經營。其中一
百五十萬家左右沒有一點土地，二百五十萬家有半公頃（合
八・一六華畝）和不到半公畝的土地。這就是說日本的五
百五十萬農家中的四百萬戶，即是百分之七十五，有的完
全沒有土地，有的不添租土地耕種則無以為生。另一方面，
有五萬占有十公頃以上的大地主和十一萬占有五公頃以至
十公頃的中小地主，他們手裏握有日本全部耕種地百分之
四十。（見哈耶瑪《日本論》）除了那些大地主外，一般農
民可說是悲慘極了，試看農林省的農家經濟調查表：

收支種別	自耕農	半自耕農	佃農
（1）農業總收入	1282.82 圓	1119.37 圓	1117.66 圓
米	746.97	684.24	776.58
大麥	21.91	25.15	17.97
小麥	45.00	49.42	43.62
裸麥	22.36	32.75	30.54
繭	219.69	149.92	125.29
其他	226.90	251.89	183.66
（2）農業總支出	496.94	597.89	697.49
肥料	141.61	139.91	142.60
勞資	17.25	11.27	12.44
負債利子	62.38	67.36	44.07

佃租	27.69	191.23	370.25
租稅負擔	84.25	43.92	12.89
其他	163.76	144.20	115.22
（3）實收入	785.89	521.48	420.17
（4）家計費	641.25	573.65	515.09
（5）贏虧額	+44.64	-52.17	-94.92

　　這還是關於第一種農家——優良農家的調查，其中除自耕農年有贏餘四十四圓六十四錢外，半自耕農反年虧五十二元十七錢，佃農年虧九十四圓九十二錢。優良農家尚且如此，這真不能不令人顫慄了。

　　日本農民所以陷於這種悲慘的境地，就是由於遭受重重的剝削，第一是地主的剝削，日本農民要將收穫量百分之五六十作為地租，納給地主，例如水田一反，平均產米不過一‧八石至二石，可是上等水田地租每反平均一‧二六石，普通地租一‧○三石，下等地租也達○‧七五石，旱地則上等地租，每反達十九圓三十錢之多，可知地主剝削農民是怎樣厲害了。其次是資本家的剝削，日本農民作為一個城市商品購買者或是農產品出賣者，都受著資本家的支配，譬如日本農業是所謂多肥農業，農民種一小塊田地，便須使用多量肥料，可是肥料販賣事業如硫安、石灰窒素及過燐酸石灰等生產販賣過程，都操在獨占資本家之手。他們利用獨占的地位用極高的價格來剝削農民。因此，

每一公頃要用一百圓以上的肥料，即是說要占全部生產費百分之二十五至三十，也就是說要占全部收穫價格的百分之二十光景，肥料及其他工業品既因資本家的操縱，農民不得不忍痛以極高的價格購買；而農產品復因資本家的操縱，農民不得不忍痛以極低的價格出售。因此，工業品與農產品之間，形成所謂剪刀形價格差，給與農民無限的痛苦。農民為了購買高價的農業經營必需品缺乏資金，於是復不得不忍受高利貸的剝削。佃農和半佃農為了沒有田產作抵押品，不能從銀行借到利息比較正常一點的款子，只得求之於高利貸貸者，農民被迫付很多利息，甚至占到全部收入的三分之一。為了償還利息又不得不借新債，於是債臺高築，無時不被債鬼追逐，不但佃農和半佃農如此，即自耕農和中農，亦多在債獄中呻吟，結果因債務累積而失去土地，流入貧農之群。日本農民除了必須忍受地主、資本家、高利貸的剝削，還得忍受政府的剝削，日本農民不斷的呻吟於苛捐雜稅的重壓之下，譬如龐大的軍費便大半是從農民身上搾來的血汗。農村的捐稅負擔，更比都市的負擔來得特別重。即以家屋稅一項而論，有許多地方，都市的負擔僅及農村的三分之一，如農村中收入租賃金一圓，平均須負出房捐四角二分，而大都市中如東京，只要付出六分三厘就夠了。又據帝國農會的調查，每段稻作生產費（大正八年至昭和八年平均）八十二圓八角四分左右，公租公稅九圓六角五分，適占生產費百分之十五，日本政

府對農民的剝削是何等苛刻！（本節參閱哈耶瑪《日本論》）

　　自昭和五年農業恐慌以來，一般農民大眾簡直徬徨於飢餓死亡線上。據日本內務省保健調查會之調查，某地海濱四百十戶農家中，一週內完全食魚類度日的有九家，一週內六日食魚類的有十三家，五日的二十八家，四日的二十六家，三日的是四十一家，二日的六十家，一日的三十九家，一日都不以魚類為正糧的僅百八十四家。可知多數農民自己生產的米竟自己想不到吃，又據岩手縣政府報告，岩手縣四郡之農民死亡率，一九三二年冬季三個月之間，因飢餓而死者，達一千五百五十四名之多，由此也可知日本農民苦況的一斑了。農村的青年為了受不住痛苦，潮水般地逃往都市，青年女子也大批的被父母賣去都會作酌婦、娼妓、侍女。例如宮城、秋田二縣人口不過二百萬人，在一九三四年一月至十月間，即出賣青年女子二萬二千一百餘名，至於把女兒驅入紡織工廠，靠她的纖手賺點工資來補助家計的，更是普遍的現象了。

　　日本農民平時已困苦到這種境地，到了戰時就更不堪設想了，火藥氛圍既把一般農業生產成員捲出農村充當砲灰，同時軍需工業的景氣，又把農民潮水般的吸收到工廠裡去，致使農村勞動力大告缺乏。其次，日本五百五十萬農家中，祇有一百零七萬四千家養有耕馬，而且其中百分之九十五祇有一匹馬，平時耕馬已感不足，在戰時耕馬被大批的徵發，更將大大的減低勞動力，耕馬既被大批徵發，

同時平日農民視為經濟的肥料亦告減少，復因貿易管理之故，肥料原料被限制輸入，肥料價格暴騰，一般貧農已無力購買。此外，如農具機械工場漸次轉為軍需工場，致使農具機械越加不足。以上種種原因，必影響日本農業經營而使農產收穫大大減少。試看第一次歐戰德法兩國的實例，便知戰時農業收穫的減少殆無法避免的事。例如法國於開戰後第一年度，即比戰前減少一七％，第二年度減少四一％，第三年度減少四二％，第五年度減少五〇％；德國在開戰後第一年度減少一二％，第二年度減少五％，第三年度減少三七％，第五年度減少四〇％。戰時的日本農業，也必遭同樣的運命，農產物既比平時減少，而負擔卻比平時高至數倍，這叫日本農民大眾怎樣能忍受呢？據最近蘇聯《真理報》載：

「日本已自鄉村拉去一百五十餘萬最寶貴之農業勞動者，數十萬農民已在戰爭中被屠殺，農業人口中每人平均負擔的稅額，一九三六年為十七圓七十錢，但至一九三九年初，即增至二十八圓五十錢。地租已增加百分之三十至五十。農村方面之負擔，已達到古今未有的巨額，即九十億至百億圓，每一農戶負債八百元至千圓，農村的環境，至一九三八年底已引起新興的農民運動，農民鬥爭次數日增，佃農堅決反抗地主，因地主企圖掠奪彼等之耕地，有若干地方，發生搶米運動，結果均將國家之積穀

倉搗毀，反戰情緒與日俱增，農民對現存制度之不滿空氣，已瀰漫於阡陌間。」（見重慶各報聯合版1939.8.12）

可知日本農村實已臨到大革命的前夕！

五、「以戰養戰」的陰謀

日本帝國主義經濟基礎的脆弱，無論如何也不能支持一個長期戰爭，所以提出了「以戰養戰」的口號，來加緊對中國淪陷區的搾取。「以戰養戰」：就是實行所謂「開發重於封鎖」、「建設重於破壞」。其手段不外三種：一、加緊掠奪我淪陷區的經濟資源——煤、鐵、棉花、鹽、食糧以及其他一切原料，二、加緊推行偽幣以破壞我游擊區的金融，三、加緊推銷仇貨以吸取我同胞的膏血。總之，欲全面的控制我經濟，掠奪我們的所有去補充牠戰時的消耗，給牠氣息奄奄的國家經濟打強心針，牠的用心何等毒辣！但是這一陰謀，在牠內部矛盾之前，在我經濟反攻之下，勢必歸於泡影，可以斷言！

一、日本欲掠我淪陷的資源，換句話說，欲從事「開發」，第一條件必須有豐富的資金。可是日本目前缺乏的正是資金，戰費已經羅掘俱窮，哪裏還有餘力來投資？而且開發必需大量的機器，日本重工業尚在建設途中，短期間既不能生產機器，要向外國購買，卻又苦於資金不足！開發的第二條件，必需維持交通的安全，日本目前占據的只

是點和線，據點以外的廣大區域，都布滿了我忠勇的正規軍與游擊隊，時常神出鬼沒給敵人以打擊，哪裏會給牠安心開發的機會？縱使奪得了物資，怎樣運出游擊隊地帶，也是一個很大的難關！

　　二、自抗戰進入第二期，敵人軍事屢受挫折無法進展，所以改變策略採用經濟進攻的形式，欲破壞我游擊區的金融，既在華北設立偽「聯合準備銀行」，又在上海創立偽「華興商業銀行」，發行不兌現的偽鈔。一方面用偽鈔強制購買我淪陷區內物品，運銷國外，換我外匯；一方面強制我淪陷區人民拿法幣換取偽鈔，再用我法幣掉換外幣。關於前者，我財政部針對著牠這一陰謀，於去年七月二日公布了兩重要法令：（一）非常時期禁止進口物品辦法，（二）出口貨物結匯領取匯價差額辦法。給了敵人的陰謀一個很大的打擊，關於後者，我游擊區同胞對於法幣的信任非常堅固，誰願用寶貴的法幣去換取那準備不充分的廢紙？所以日人木村增太郎也嘆道：「如果以為『聯合準備銀行』之紙幣，可以掉換法幣，必為不充分認識法幣威力之人。」（見《建設月刊》一九三八年十月號）是敵人也自認陰謀失敗了。

　　三、至於推銷仇貨，事實上也是收效很少。因為我游擊區民眾受了敵蹄的蹂躪，購買力已大減退，即使購買若干仇貨，也是因為不願儲存偽鈔的原故，日本用寶貴的外國原料做成的貨物，去換取那不能兌換外匯或外國信用的

偽鈔，對於牠本身不但沒有利益，倒是一種損失！

　　從上面的分析看來，可知「以戰養戰」完全是敵人的一種幻想。敵人要想從中國的經濟榨取，去補強牠瀕於崩潰的經濟基礎絕對不可能！不過我們也還得加緊敵後的經濟鬥爭，切實執行查禁仇貨和禁運物品資敵的辦法，大規模的發動經濟游擊隊的反攻，破壞敵人一切經濟戰略組織和所謂「建設」，並擴大淪陷區的不合作運動，鼓勵技術員移居，以阻撓敵人的「開拓」，務使敵國經濟不能從中國吸收半滴營養分，那末，日本經濟總崩潰便指日可待了！

第四章　從日本政治情勢觀察日本必敗

　　近年來的日本，完全表示了「政治的貧困」，既沒有中心的政治思想，也沒有權威的政治家，羣小丑角，懾於軍部淫威，儘管心裏不滿卻不斷地向軍部報以掌聲，軍部可以任意取捨內閣，任意決定最高國策，政治跟著指揮刀走，內閣成了三宅坂的附屬機關。可是軍部卻也並沒有有手腕的傑出人物，其對內支配權是全靠對外戰爭來維持，既不能爭取羣眾做基礎也不能徹底克服反對派。政治的暗流呈現著異常的混亂，大小各派勢力在傾軋著，鬥爭著，造成不可收拾的局面。同時，政界上層的政治道德，也愈趨墮落，如三土遞相、內田鐵相、鳩山文相等的賄賂疑獄，層出不盡，都反映出日本帝國末期的政治腐敗。軍事與政治本是不可分離的，誰能從東西歷史上找出一個內政不修的國家獲得了對外的軍事成功？

一、同床異夢的各黨派

今日日本與中國，在政治上有一點顯明的不同，就是中國在民族解放戰爭的大纛下表示堅固的統一，日本在侵略目標下表示深刻的對立，簡單點說，就是現狀維持派與現狀革新派對立，也就是和平主義與黷武主義的對立，在某種意義上也可說是國民與軍部的對立。不過日本各黨派目下正發生急激的分化，有時在同一黨內也發生兩派的對立，這是我們應該認清的，現在我們來看一看日本各種政治勢力在近年間發生了怎樣的變動罷。

（1）元老重臣的沒落

日皇在內閣更迭之際，照例必徵求元老的意見，由元老的奏薦然後發表新內閣總理大臣的人選。有時元老在奉答人選之前，也徵求重臣的意見。所以元老重臣在政治上的發言權很大，元老現在專指西園寺公爵，重臣是指官制規定的常備輔弼的內大臣、樞密院議長、及宮內大臣等，在九一八事變前，元老重臣名實握著日本政治的領導權，他們是英國式的自由主義者，保守性比較濃厚，反對政治東更西張，反對對外冒險，所以與軍閥立於對蹠地位。元老西園寺公望本是日本黎明時代的急進分子，在法國留學時受過社會主義的洗禮，當時貴族視為危險人物，所以他成為日本議會政治的保姆絕不是偶然的。凡爾賽和平會議，西園寺作為政治生活的一生的紀念而參加了，前內大臣牧野伸顯伯爵是當時他的隨員，西園寺與牧野對於《凡

爾賽條約》與以該條約為支柱的國際和平機構，擁護不遺餘力，也可說是當然，這與軍閥的黷武主義自然不能相容，所以九一八事變後變成了軍閥攻擊的目標，軍閥的御用政客──久原房之助，首先喊出了「打倒重臣團」的口號，五‧一五事件的凶犯在其供狀上也有攻擊元老重臣的字樣，西園寺為了適應社會新情勢，對於軍閥只得表示讓步，五‧一五事件後，所以放棄了政黨內閣而奏薦齋藤組織中間內閣，也就是為了緩和軍閥的原故，於是軍閥的勢力更一天天的膨脹，一木樞密院議長為了「天皇機關說」問題被迫辭職了，不久，又發生了二‧二六事變，內大臣齋藤實，前總理大臣高橋是清同時被暴力軍人慘殺了，西園寺與牧野也幾乎被害，隨著軍閥勢力的伸長，元老重臣在政治路上的威力一天天縮小，於是日本政界喪失了重心，完全成了軍閥的殖民地。

（2）既成政黨的去勢

　　自所謂「平民宰相」原敬組織內閣的大正七年至九一八事變發生的昭和六年，是日本議會政治的黃金時代，日本議會內的兩大政黨，是政友會與民政黨，通常政權不是落在政友會之手，便是落在民政黨之手，兩黨互相授受，便是日本所謂「黨政常道」。可是自東北事變突發後，政黨便入了受難時代。軍閥藉「非常時」的名義闖入了政界，政黨便被擯斥於政權圈外了，為少數財閥代表的既成政黨，既沒有廣大群眾做後盾，對於軍閥的攻擊當然無力應

戰，只有一步步的退卻，五‧一五事件是軍閥對於政黨的
第一次大轟炸，首相犬養毅竟被穿著制服的現役少壯軍人
殺害了，軍閥不但不願嚴懲暴力軍人，反說暴力軍人是由
於憂國純情，憤慨政黨的腐化藉黨營私，不得不然。當事
件突發後，秦憲兵司令竟中途跳上元老上京的車中，提出
反對政黨內閣的意見，接著荒木陸相發表否認政黨組閣的
聲明，以致當時擁有三百餘名議員的政友會竟沒有獲得政
權。不久，又發生二‧二六事件，這是軍閥對於政黨的第
二次大轟炸，暴力軍人雖沒有獲得預期的戰果，總算削弱
了政黨背後的支持勢力，內大臣齋藤、政友會長老高橋同
時被殺害了，政黨的勢力從此愈陷於不振，不過政黨造成
今日的境遇，也不能完全歸罪於軍閥，而政黨內部的由於
矛盾發生分化，以及一般黨員的無骨氣無血性，也是政黨
沒落的一大原因，東北事變突發後，政黨內部便發生了動
搖，民政黨安達系與政友會久原系即發起所謂協力內閣運
動，以迎合法西斯軍閥的心理，結果是若槻內閣瓦解，安
達系退出民政黨，別組所謂國民同盟，後來犬養內閣書記
長森恪又與少壯派軍人勾結，發起擁立法西巨頭平沼的運
動，久原且高唱「一國一黨論」。在岡田內閣時代，床次、
內田、山崎等為官權慾所迷，復退出政友會，別組所謂昭
和會。至廣田內閣時代，民政黨的永井，政友會的前田、
中島，昭和會的山崎，又祕密參加荻窪有馬邸的新黨籌備
會，擬別組新黨，後來因近衛不願擔任黨首歸於流產。隨

著軍部勢力的伸長，一般趨炎附勢的政黨員，陸續投入親軍陣營，與黨外的右翼團體相呼應，高樹一國一黨的旗幟，巴不得早日踢開軍部視作眼中釘的民政黨或政友會。七七事變以後，新黨運動愈加猖獗。現在政友會的上層，不管久原領導的正統派也好，中島領導的革新派也好，差不多完全成了軍部的尾巴，不過民政黨還有一部分勢力，依然想維持萬機公論的議會政治，苟延既成政黨的一線生命，可是少數有骨氣的政黨員如齋藤隆夫等既不見容於軍部，而一般現狀維持派卻毫無鬥志，束手放任軍部的應聲蟲——現狀革新派為所欲為。今日日本議會僅為軍閥通過龐大的戰費付以合法性而已，兩大政黨雖擁有大半議席，簡直是敢「會」而不敢「議」，誠如御手洗辰雄說的，「政黨還不如股東會議的一般股東的權威」。最近由於軍閥對外的失敗，既成政黨似有抬頭之勢，但從各種情形看來，想重溫政黨內閣的夢究屬不可能，萬一能實現，恐怕也將與犬養內閣同其命運罷？

（3）彈壓下的無產派

　　日本資本主義趁著歐戰的機會完成了大規模的發展，無產運動隨著資本主義的發展也逐漸展開，大正十四年農民勞動黨創立，結黨二時間即被解散，十五年勞動農民黨、社會民眾黨與日本農民黨、日本勞動黨相繼誕生，昭和三年後二者合併，改名日本大眾黨。於是形成了三黨鼎立的局勢，同年勞動農民黨被政府解散，翌年改組新勞農黨。

六年日本大眾黨與新勞農黨合併，改稱全國勞農大眾黨，七年全國勞農大眾黨又與社會大眾黨合併，改稱社會大眾黨。現在日本合法存在的無產黨，就只有社會大眾黨，它擁有三十七名議員，為議會內的第三黨，本以社會民主主義為旗幟，但自軍閥吹起「非常時」的號音以來，黨內麻生久一派即開始急轉向，完全轉成了軍閥的走狗，騙誘工人支持侵略戰爭，說什麼不向中國進出，日本工人就無法建立社會主義國家，替日本帝國主義辯護，軍部屢次發表「革新」政策，麻生等都予以積極的支持，甚至無恥的高唱「東亞國民同盟」，一時並曾策動社大黨與法西小黨派東方會合併，鈴木文治、西尾末廣等雖不滿麻生一派行為，但也無可如何，黨首安部磯雄自一九三八年三月被法西分子毆打以後，顯然已經軟化了，但無論「墮落幹部」如何豹變，無論軍閥如何威脅利誘，社大黨的工人層卻在反帝反戰的旗幟之下漸漸成長起來。至於非合法存在的日本共產黨，反帝反戰為其一貫的立場，雖然經過了「三・一五」、「四・一六」數次大檢舉，被捕者達數萬人，殘留黨員仍前仆後起的從事再建運動。尤其中日戰事發生後，共產黨更異常活躍，在廣泛的人民陣線陣營下發動反帝反戰鬥爭，發行各種雜誌小冊子，利用「救援出征士兵的家族」、「照付出征士兵的工資」、「免除出征士兵的稅金」、「樹立和平政策」等口號，指導反戰反政府。其與共產黨立場接近的，有勞農無產協議會、日本勞動組合全國評議會、東

京市從業員組合、東京市交通總同盟等團體，均堅決的反帝反侵略。在中日戰爭之前，加藤勘十領導的勞農無產協議會，曾發表運動大綱，提議組織廣泛的人民戰線，因麻生久等與軍閥勾結極力破壞，終未成功，該會遂改組為日本無產黨，與友誼團體密切聯絡，對於反帝反戰的大眾活動愈形積極。這種左翼勢力，軍閥自然視作眼中釘，所以戰爭發生後，即施行嚴厲的取締，下令解散日本無產黨、日本勞動組合全國評議會，所有關係人物都被逮捕，處以無期監禁，但不管軍閥怎樣的手段毒辣，以大眾為貯水池的無產派勢力，究不是軍閥摧殘得了的，譬如海上的冰山，浮在面上的只有一小部分，大部分卻隱沒於海底，日本軍閥只能用血腥的指揮刀削去海面上的冰山尖，他所乘坐的海盜船將觸著海底的冰山而顛覆，恐怕只是時間的問題罷了。

（4）指揮刀保護下的右翼陣營

　　日本右翼國粹團體，真是計算不清，據說有六百餘個之多，但大都沒有群眾作基礎，是一塊空招牌罷了。這種右營團體，真是形形色色：有的是在中日、日俄兩戰役當時強硬主張大陸政策的浪人組織的，如頭山滿的玄洋社、黑龍會便是，黑龍會在今日尚有很大的勢力，如浪人會信州國民黨、建國會、大日本生產黨等都屬於這一系統。又有的是大正末年為謀對抗社會主義運動而組織的，如大日本正義團、國粹會、赤化防止團等，也有的是為了宣傳國

家革新思想而組織的，如行地社、國本社便是，行地社的後身是神武會，右翼巨頭大川周明北一輝西田稅荒木貞夫人等為其中心人物；國本社網羅了許多政界軍界財界的上層人物為會員，自社長平沼就任樞相後已解散了，但在政界依然有相當的潛勢力，也有的是失意軍人組織的法西團體，如橋本欣五郎的大日本青年黨、小林順一郎的愛國勞動農民同志會、田中國重的明倫會等等、力森藏的皇道會等。也有的是把宗教做幌子的，如養正會和神聖會便是，也有的是從無產陣營轉向的叛徒組織的，如國民協會、日本村治派同盟、國民鬥爭同盟等。他們並沒有什麼思想體系，只是空喊幾個口號，如什麼「皇室主義」、「皇室中心主義」、「國家主義」、「日本主義」、「國本主義」、「國民社會主義」、「大亞細亞主義」、「東洋門羅主義」等等。（見三木保夫〈國家主義團體的鳥瞰圖〉）不過也有兩點相同的地方，就是對內主張「解消反國體的既成政黨並亡國的赤色無產黨」、「撲滅歪曲皇國政治道的自由主義思想」，對外主張「膺懲支那」、「強行大陸政策」。軍閥對於這些孝子順孫，當然不惜竭力保護，因此日本社會，遂鬧得一團烏煙瘴氣。因為右翼團體的構成員，雖然也有一部分知識分子和政界財界上層人物，大部分卻是浪人流氓，他可以向銀行公司強索運動費幾百幾千圓，否則便加以「非國民」的罪民；或者假借名義到飲食店吃了不給錢；或者幫助資本家破壞工人罷工；真是「愛國！愛國！幾多罪惡假汝之名以行！」

有許多人看到日本浪人在北平、上海的胡鬧，非常憤恨，其實他們對於自己的同胞又何嘗不是一樣的作風？日本一般善良國民，既受到軍閥的摧殘，又要受暴力團體的騷擾，不知忍耐力到底有多大？

（5）軍閥的寵兒——新官僚派的抬頭

　　日本自明治維新以來，一切都採國家干涉主義，而當干涉之任的，就是官吏，因此形成所謂官僚政治。但至大正末期，政黨政治確立，官僚一般地便退居於行政技術家的地位了。其中活躍的，只限於一二獨特人物，如伊澤多喜男曾形成一個獨自的勢力，可是伊澤系官僚也仍不能不寄生於政黨，自九一八事變發生後，軍閥勢力抬頭，政黨沒落，於是官僚復乘機而起了，為別於伊澤系舊官僚，一般稱為新官僚派，齋藤內閣的農林大臣後藤文夫、書記長柴田善三郎是當時新官僚派的中心人物。後來齋藤內閣發布了「官吏身分保障令」，新官僚派的基礎更加鞏固。岡田內閣，一般號為國維會內閣，又號為新官僚內閣，因為國維會系新官僚後藤文夫、藤井真信、河田烈、吉田茂等都占了內閣中的樞要地位。岡田內閣之創設內閣審議會與內閣調查局，便是新官僚為了鞏固自己的地盤而竭力促成的。軍閥為了排斥既成政黨，自然樂得利用新官僚，新官僚更設法挑撥離間軍部與政黨的感情，以謀收漁人之利。所以廣田、林、近衛、平沼、阿部、米內歷代內閣，莫不有新官僚盤據大臣的椅子，如河原田稼吉、大橋八郎、吉

野信次、安井英二、賀屋興宣、石渡莊太郎、小原直、青木一男、廣瀨文忠等都是新官僚派的錚錚選手。新官僚派竭力逢迎軍部，只要是軍部的要求沒有不接受的。如龐大的軍事預算，官僚大臣總是無條件的承認。因為要想官運亨通，當然不敢開罪軍閥，至於國家前途如何，他們自然無暇過問了。

二、軍部與政黨財閥的磨擦

　　日本兩大既成政黨——政友會、民政黨與三井三菱等財閥狼狽為奸，這是誰都知道的。財閥供給政黨的選舉費，政黨奪得了政權，便提供許多權益給財閥以作報酬。政黨為了滿足政黨權慾，財閥為了滿足金錢慾，兩相利用，是完全站在同一利害點上。

　　軍部是財閥的龐大財產鏢客，並且是為財閥獵取權益的先鋒。牠所懷抱大陸政策，客觀地是與財閥的要求完全一致的。論理，軍部與財閥的關係應該很圓滿。可是事實卻不然。因為財閥是現實主義者，愛錢如命，誠恐軍閥冒險之結果，不但不能給他們掙得新的資產，甚至連原有的資產也會變成砲彈而消耗淨盡。軍閥卻是理想主義者，完全不理解財閥的「算盤」一味盲動，所以他的愚忠卻不能見諒於主人。《伊索寓言》中有一個故事：一隻嘴裡銜著肉的狗站在橋下，見水裡有一隻狗銜著肉，那隻狗為了貪慾，竟想丟掉嘴裡的肉去搶那水裡的肉。軍閥就好比那隻狗，

想去追逐幻影，發動侵略戰爭；財閥卻比較清醒，怕連嘴裡的肉也會失掉，而堅持健全的財政第一主義。所以軍部與財閥為了見解不同，而漸漸失和了。不過這裡所謂財閥，是指三井三菱等保守財閥，至於那些專靠軍需業賺大筆利潤的所謂革新財閥，自然又當作別論了。

　　軍閥見財閥不能諒解自己的愚忠，當然很難過，既已騎上了虎背，便只得蠻幹下去。財閥卻不放心，處處加以掣肘。軍部為了排除這種障礙，首先便向財閥代言人政黨——民政黨、政友會開刀。自九一八事變以來，軍部高揭「打倒腐朽政黨」的旗幟，他的武器便是「帷幄上奏權」與「現役專任制」。前者是說軍部大臣可以不經過總理大臣，直接留任，直接上奏；後者是說陸軍大臣必須由現役軍人充任。由於這種憲法的規定，所以無論任何人組閣，倘軍部以拒絕參加為挾制條件，便休想成功。因為軍閥握有這有力的武器，政黨便被擯斥於政權圈外了。不過政黨雖然遠離了政權，卻在議會中依然擁有大多數議席，這便成為軍閥頭痛的種子。軍閥為給政黨以致命傷，所以嗾使御用走狗提出「天皇機關說」問題，根本否認議會政治的理論。他還以為不足，便於昭和十一年十月發表議會制度改革案，內容如下：

　　　「一、日本今日的議會，是採取英國式的議院內閣
　　　制，議會的主力不傾注於預算協贊，而傾注於政府
　　　之行政監督，所以議會化為政權爭奪場，重要的立

法預算之協贊反被輕視。因此當如美國一樣，把議
會與政府作為各自獨立的機關，確立立法、行政、
司法三權分立主義，禁止議會占多數之政黨組織政
府，完全否定政黨內閣制。

二、關於議會內的政黨的地位，當制定政黨法，規
定政黨的行動範圍。

三、政府與議會當避免對立抗爭，以相互協助之日
本精神為指導方針，以謀諸制度之改革，所以不宜
付議會以彈劾政府之權限。

四、議會應謀職能代表議員之進出。」

這種改革顯然意味著政黨完全解除武裝，毋怪逆來順
受的政黨也全體騷動起來，於是在第七十屆議會中，便和
軍部發生了正面衝突。政友會代議士濱田國松發表了一篇
痛斥軍部的有名演說，大意如下：

「近年獨裁強化之政治的觀念形態，常滔滔流於軍
部內，幾至破壞文武恪循之堤防，這是全體國民所
引為痛心的……！我國的既成政黨，是根據憲法第
二十九條的政治結社，為憲法公認之憲政運用上的
國民政治機構，絕非私有的朋黨機關。明治大帝將
這公權付與我國民，實以此為一君萬民政治的神
髓。大帝一面賜軍人敕諭，告誡軍人「勿惑於世論
干與政治」。拜察這二大精神，所謂軍民一致的新體
制，果適合於憲法制度的精神麼？所謂軍民一致，

　　把軍民二者置於對立的地位，就已經根本錯了。從
　　軍的立場來指導政治，實有莫大的危險。如果說既
　　成政黨腐敗墮落，那還不如說是由於軍閥官僚的誘
　　惑所致。議員的年俸由八百圓一躍增至二千圓，是
　　由於軍閥政府的某種政治工作，恐怕大家已經忘記
　　了。二師團增設在議會發生問題時，便用金錢收買
　　議員，那不是當時政府的陸軍大臣嗎？固然政黨人
　　也有瀆職收賄的，軍部又何嘗不是一樣？……原來
　　『愚蠢的破壞與建設比愚蠢的保守與現狀維持更有
　　害。』現內閣的設施，不是有與此相似的情形
　　嗎？……」

寺內陸相認為濱田的演說是侮「軍」，幾乎與濱田打起架
來。憤然退會後，發表了「不屑與認識不同的政黨共事」
的聲明。結果廣田內閣竟因此拆台。後來軍部又假林內閣
的手解散了議會。政黨受了這次教訓，有的愈謹守「明哲
保身」之戒，有的爭先投入軍閥懷抱以求分杯殘羹，於是
既成政黨更加無力化了。

　　自七七戰事發生後，軟弱無力的政黨，在第七十三屆
議會中，為了軍閥政府提出《電力統制案》與《全國總動
員法》，過於侵害財閥的利益，欲討財閥的歡心不能不出來
賣點力，於是與軍閥的代理人又展開了激烈的論戰。《電力
統制案》爭論彌月，開會達二十八次之多，結果經政府修
正一部份，始得通過。而《全國總動員法》，損害財閥的利

益尤大，並且根本危及議會政治，所以政黨的反對也愈激烈。《總動員法案》的主要內容：（一）嚴格執行統制工商業，交通事業，動員各項資源。（二）統制資本生產與分配。（三）統制對外貿易。（四）統制勞力，實行業務總動員。（五）禁止人民集會遊行，規定工資，絕對禁止罷工。這法案實與德國一九三三年希特勒之《授權法》相同，軍部是想藉牠來把日本整個國民經濟和社會生活，置於軍部的支配之下，以及鎮壓一切反戰反法西的運動，完成軍事獨裁，準備長期戰爭。政友會與民政黨出席的多數議員，以（一）日本憲法上已有天皇在必要時得發布緊急命令的規定，憲法上所保障之人民權利，又明言得以法律限制，無另布《總動員法》之必要。（二）《全國總動員法》勢必惹起行政獨裁的局面，與日本的立憲政體不合。（三）該法使人民權利損失過甚，引起人民反感，反有害於戰爭前途等理由，熱烈反對，一般財閥與自由主義者復為之聲援。而軍閥的走狗一般右傾議員，卻在議會內為該法張目，斥反對該法者為內奸。軍閥復唆使右傾團體防共護國團體搗毀政友會民政黨本部，以事威脅，政府方面則採用硬軟兼施手段，一方面對既成政黨略為讓步，表示暫時無實施該法之意，一方面聲明政黨如不覺悟，便用積極手段對付。政黨沒有辦法，終於把該法通過，於是一場混戰在軍閥的凱歌聲中閉幕了。

但《總動員法》雖經議會通過，而實施該法卻仍不免

糾紛。當政府食言而肥的逐次實施《總動員法》時，為了該法第十一條問題，便由軍部與政黨的衝突而變為軍部與財閥的直接衝突了。總動員法第十一條內容分三部分：（一）政府得由敕令所規定，對於公司的設立，資本的增加，合併、目的的變更，社債的募集，及第二期以後股金繳付，加以限制或禁止。（二）得頒布關於公司利益的處分償還及其他處置之必要命令。（三）得頒布關於敕令所指定的銀行、信託公司、保險公司等資金運用的必要命令。以上第一部分是屬於限制資金的使用，第二部分是屬於限制紅利，干涉紅利的分配，第三部分則對於資金由限制使用而演化到強制使用，強制放款等。這簡直侵蝕到財閥貼身的荷包，影響太嚴重了。

所以財閥代表池田藏相在閣議與五相會議上，和坂垣陸相、木次內相等混戰了幾場，弄得焦頭爛額，遂以辭職為要挾。一時股票市價一齊大幅暴跌，軍需工業股票也出乎意外的跌落，公債市場也受影響而趨惡化。這對於軍閥財閥共同利益，以至侵略戰爭的前途，顯然給予惡劣的影響，因此軍閥不得不相當讓步，與財閥妥協，結局遂由下面的條件（一）紅利以最高百分之十為原則，但原在百分之十以上者，仍得維持原狀，唯不得再增，原在百分之十以下者，不得增至百分之十以上。（二）關於擴充生產力資金的調整，正在考慮適當辦法（即軍閥政府表示不發動強制放款），而宣告解決了。

第四章　從日本政治情勢觀察日本必敗　83

　　與《總動員法》第十一條問題相前後，為了對華院（後改名興亞院）問題，軍部與財閥也曾發生尖銳的對立。代表財閥的利益的宇垣外相，為了軍部主張對華院必須包羅一切對華侵略之政治、經濟、金融、文化各部門，排擠各種勢力，大權獨歸軍部，破壞了財軍在中國的「門戶開放」，束縛了財閥的自由，兼剝奪了外務省的職權，表示猛烈反對，終因主張不見容於軍部，宇垣只得憤然辭職了。

　　以上不過軍部與政黨財閥衝突的幾個有名實例，軍部與政黨財閥的明爭暗鬥，是時時刻刻在進行著。由於戰爭的延長，日本國內困難日增，軍部與政黨財閥磨擦，必然地將一天天加深。如最近民政黨議員齋藤隆夫在議會中斥責軍閥的演說，就是軍部與政黨財閥的關係無法調和的明證，日本支配階級的矛盾衝突，也許只有到他們本身崩潰的一天纔會解消罷？

三、國策不統一

　　室伏高信說：「今日的日本，是有軍人而無政治家，有舉國一致的國民而無指揮者，有戰爭而無解決的方法」（見《時局解決論》）。的確，日本目前正是因為沒有政治家，沒有指揮者，所以弄得支離滅裂，國策不統一。軍部有軍部的國策，政黨有政黨的國策，官僚有官僚的國策，即單就軍部而論，海軍有海軍的國策，陸軍有陸軍的國策，而陸軍又中央有中央的國策，「現地」軍人有「現地」軍人的

國策，真是豬也國策，狗也國策，弄得國策氾濫，卻是議而不決，決而不行，行而不通，結果只好各行其是而已。

就日本政治機構而言，拓務省的廢止，是濱口內閣以來的宿題，然而終因拓務省官吏的反對，到現在還沒有實現。又如外務省鑑於昭和六年金輸出再禁止以來海外貿易的發展，欲將商工省的貿易局，大藏省的關稅課，併合於外務省通商局，統一管理，以應客觀情勢之需要，可是因為大藏省的反對，終於沒有實現。去年九月歐戰發生，日本想趁這機會發一筆洋財，又有新設貿易省之議，而外務省官吏為了本身利益，卻竭力阻止，竟至次官以下大小職員一百二十餘人一齊提出辭職書，鬧得烏煙瘴氣，終使政府撤回了原案。又如軍部擬有「行政改革案」，在廣田內閣時代，曾由寺內陸相與永野海相共同提出，該案要綱如下：

一、設置樹立國策的綜合統制機關，廢止內閣調查局及其他機關，新設擴大機能的樹立國策的綜合統制機關。

二、設置無任所大臣，兼任綜合機關之長官。

三、合併外務省與拓務省，而新設外務省，內分外務部、拓務部。

四、合併農林省與商工省，而新設產業省，內分農林部、商工部。

五、合併鐵道省與遞信省，而新設交通省，內分鐵道部、遞信部。

六、內務省之管轄事務中，關於神社局的行政事務移

交於文部省，以期國體明徵教化刷新。關於土木局及港灣河川道路的諸種行政事務移交於交通省，以謀有機的統一。

七、屬於拓務省的殖民地關係事務，移交於內閣。

該案把十二個國務大臣的椅子，裁減為九個，以謀權力集中。又鑑於各省大臣均只知為本省的利益爭奪政費，而不能從國家的立場「高瞻遠矚」，所以主張設無任所大臣，以謀國策之綜合統制。在某種意義上，這種提案也確有相當理由，可是卻因官僚政黨的反對而不能實現。他方面，政黨及一部分政論家，主張陸軍省與海軍省應該合併，而新設國防省，陸軍參謀部與海軍軍令部應該合併，而新設總參謀部，以謀軍事一元化。因為陸海軍首腦部只知為本省的利益爭奪軍費，而不能從國家的立場「高瞻遠矚」，譬如統一的航空機關之不能實現，就是為了陸海兩省自私自利的結果。在某種意義上，這種主張也確有相當的理由，可是卻因軍閥反對終於不能實現。

至就對外國策而言：海軍抱海洋政策，陸軍抱大陸政策，也是意見參差，各行其是，雖然目前陸軍占優勢，卻是海軍也並沒有拋棄牠的傳統國策，至於所謂「二元外交」，「現地」軍人常無視當地外交官的存在而自由行動，更是日本國策不統一的明白事實。

總之，日本沒有取得大多數同情與支持的國策，有的，只是狐群狗黨從黨利第一主義出發的「黨略」而已。

四、日本近年來的閣潮

日本自昭和六年以來，政局走馬燈的變化，昏迷混亂，致成不可收拾的局面，要不外東北事變造成的惡果。日本景氣研究所所長勝田貞次曾經指出：所謂「非常時」的本質，就是對立，一是國際的對立，一是國內的對立。所以歷代內閣的使命，都歸結於解消國內相剋與改善國際環境二大問題。可是國內相剋卻愈演愈烈，國際環境也愈演愈惡，卻成了歷代內閣的催命符。

自最後的政黨內閣——犬養內閣，因軍人「苦迭打」崩壞以後，政權便落入了騎牆派齋藤實的手裡。齋藤內閣成立的意義，就是元老欲利用齋藤、高橋、山本三氏的年高望重，藉以鎮壓軍閥與政黨財閥作為緩衝地帶。所以齋藤內閣為了減少各方面的磨擦，採取無為主義：一無所為，自然無從而爭。為齋藤內閣之延長的岡田內閣，在某種意義上，表示了若干積極的意圖。如成立內閣審議會，延聘財閥政黨領袖為委員，加強政府與財閥政黨的聯繫。林陸相以永田軍務局為參謀，提出「肅軍統制」的口號。清算荒木時代之畸形人事，與元老重臣送秋波。在勢力比重上，顯然現狀維持派漸占優勢。原來齋藤、岡田都是沒有政治野心的人物，元老所以把他們拉出來，就是由於看到軍部排斥政黨的氣燄甚盛，為了避免刺激軍部的感情，暫使他們組織中間內閣作為過渡，然後再把政權移給政黨。暴力少壯軍人自然看穿了元老的心理，見岡田內閣日與現狀維

持派接近，當然很不滿意，尤其是外交的失敗，更使軍閥著急。所以造成了二・二六事變，岡田九死一生，齋藤、高橋等都被殺害了。

接著起而組閣的廣田弘毅，當初以為陸軍省將因此不幸事件而引咎謹慎，所以預定閣員名單上有現狀維持派的巨頭牧野伯爵的女婿吉田茂與東京朝日新聞社長下村宏等自由主義者。不料軍閥卻毫無悔罪之意，竟發出「排斥自由主義」聲明，廣田組閣方針，因不得不為之大變。結果只得接受軍部的四大要求：（一）國體明徵的斷行，（二）廣義國防的擴充，（三）國民生活的安定，（四）外交的刷新。這是軍閥的又一步前進。因為從前軍部對政治的態度，只限於排擊政黨內閣而已。這次卻從內閣組織的形式直至內閣的政綱，都非容納軍部的要求不可。廣田內閣既以軍部為支柱而成立，所以總是被軍閥牽著鼻子走。對外如所謂「廣田三原則」的堅持，對內如馬場藏相的財政方針，平生文相的義務教育延長案，賴母木遞相的電力民有國營，無一不是仰承軍部的鼻息。外交難局既無法打開，對內則徒加深各方面的磨擦，尤其是軍部提出的行政改革案及議會制度改革案，給了政黨很大的刺激，至第七十屆議會，以濱田的反軍演說為契機，軍部與政黨便完全決裂了。結果廣田首相因不便接受寺內陸相的解散議會的無理要求，只得向日皇乞骸骨而告退了。

在廣田內閣總辭職之後，元老便奏薦宇垣大將組閣。

原來元老早有起用宇垣之意，只因客觀情勢不許可故未實現。今見陸軍首腦部寺內杉梅津等都是受過宇垣薰陶的人物，而排斥宇垣最力的荒木派又因「肅軍」而銷聲匿跡，所以認為宇垣組閣當不致發生障礙，誰知卻與預期完全相反。即日陸軍三次長會議，以妨礙肅軍為理由，發表反對宇垣組閣的聲明，從此便緊閉了陸軍之門。宇垣經過了五日的苦鬥，終於沉痛地留下「日本政治已到了分歧點：固有憲政呢還是法西？」的憤語而拜辭大命了。元老見宇垣組閣失敗，只得接受軍部的要求，奏請任命林銑十郎組閣了。林大將配著指揮刀趾高氣揚地跑上政治舞台，以關東軍少壯派推薦的浪人十河為組閣參謀長，十河要求任板垣為陸相末次為海相，林照樣點名向陸海軍交涉，卻意外地受了陸海軍首腦的拒絕，從這裡也可見陸海軍部內的暗鬥如何深刻，林不得已與陸海軍首腦部妥協，因此失卻了十河背後勢力──關東軍與陸軍省中堅層的支持。又因林聲明政黨員入閣須脫離黨籍，而永井中島等見陸軍主流勢力已經退出，又不肯犧牲黨籍入閣，於是又失卻了政黨內革新派的支持。林僅以結城藏相關係，獲得金融資本家的合作。林為了買陸軍部內的好感，雖然政綱聲明上赫然寫著「以和為貴」，卻竭力壓迫既成政黨，無理由的解散了議會，遂激發了政黨的反感，成了政黨與輿論的攻擊的焦點。後來軍部見林內閣基礎脆弱，無法推行大陸政策，亦不復予以支持。於是林內閣僅成立四個月，便在環矢集攻之下

壽終正寢了。

　　在政局混沌達於極點之際，近衛文麿不得已挺身而出擔任艱鉅。近衛是西園寺夾袋中最後一個人物，一方面因身居華族與政界財界上層保持相當聯絡，一方面常鼓吹革新思想頗得軍部的好感。他以「解消國內之相剋磨擦」為政綱，閣員之分配祇求各派勢力之均衡。窺其用意，到了林內閣所引起之糾紛相當鎮靜，便擬退避賢路，不料軍閥卻發動了盧溝橋事變，使得近衛倉皇失措，正如御手洗辰雄說「近衛內閣本來為解決國內糾紛，卻邂逅了戰爭，好像消防隊撲到水災一樣」，於是內閣弱點完全暴露，近衛為加強內閣本體，充實戰時政治機構，遂於戰事發生後第三個月，成立了內閣參議會與企劃院兩個機關。內閣參議會，由政府網羅各界有力人物，予以國務大臣待遇，參與內閣機宜，審議重要國策，參議十人，即宇垣荒木（陸軍）末次安保（海軍）池田鄉（財閥）町田前田（政黨）松岡秋田（無所屬）等。企劃院是合併原有的企劃廳和內閣資源局而成立的，內分總務、民生、產業、交通、財政、調查六部，有設計、統籌、審查種種權限，為政治經濟之綜合統制機關，欲藉以發揮戰時行政的效率。一方面大藏省復聘財界巨頭結城兒玉等六名為參與，藉挽賀屋財政之危機。可是我國上下一致之堅強抗戰，完全粉碎了近衛內閣速戰速決的迷夢，軍事失敗，經濟危機，反映於日本政治，與日本政界本身之相剋磨擦錯綜發展，遂使近衛內閣弄得

焦頭爛額。前後改組凡四次，第一次以木戶代安井，第二次以末次代馬場，第三次大改造，宇垣荒木池田板垣入閣，第四次宇垣辭職，有田再任外相，而末次以高壓手段禁壓反戰運動適足激化國民之惡感，宇垣的假面外交也終不能打開國際難局，近衛無計可施，乃抓住武漢失陷的機會，向我誘和，而有一九三八年十一月三日和十二月二十三日的兩次「建設東亞新秩序」的荒謬聲明，經我蔣委員長義正詞嚴。痛加駁斥，他的陰謀又歸失敗。於是貴公子近衛的技窮，只得抱頭鼠竄了。

　　繼之而組閣的平沼騏一郎，本是以國本社為根據地的法西巨頭，但自就任樞相以來，已消失了昔日的霸氣，現狀維持派不復和從前一樣仇視他，同時，右翼也不復和從前一樣熱烈支持他了。平沼掛起「收拾事變」的招牌出面組閣，在十三個閣員中便有七人為近衛內閣的閣員，二人為前內閣次官，所以平沼內閣也可說是近衛的延長。平沼在八個月當中，收拾事變換了三次花樣，首先是以分化中國為目標，具體的表現是「平沼協定」，因為無恥的汪逆，手下只有三五小嘍囉，國民都恨不得吃他的肉寢他的皮，當然不能動搖我長期抗戰的國策。於是敵閣轉而高唱對英戰爭，以剷除英國援華政策為收拾事變的手段，具體的表現是「東京談判」，可是東京談判因種種關係半途而廢。於是敵閣收拾事變的手段，又轉到了「對歐政策」，想加強德意日軸心，壓迫英國放棄援華，不料德國卻出賣了牠，與

蘇聯締結了互不侵犯協定。平沼內閣為了重重的失敗，遂不得不出以「總辭職」之舉了。

在這危急的時機，出乎意外地，阿部信行大將被命組閣了。阿部只做到一次陸軍大臣代理，在日本政界可說是第二三流人物，與南大將為宇垣的兩翼，如今竟凌駕了先輩而被界以重任，那是因為他不似乎宇垣一般活動，對於各方沒有磨擦的原故。阿部組閣的任務，在於收拾反共協定失敗後的外交殘局與「處理中國事變」。阿部特用熟悉美國情形的野村海軍大將為外相，企圖調整商約廢止後的美日關係，同時企圖調整英日、蘇日關係，描畫新的外交地圖，以便孤立中國，達成其「處理中國事變」之目的。可是因為其所謂「東亞新秩序」，根本與列強利害衝突，所以野村的努力終屬徒勞。後來想出「開放長江」的釣餌，以買美國的歡心，美國依然不為所動，不願與敵國訂立新商約。他方面，仰承軍部鼻息的「首相專權案」，又遭受樞密院的白眼。十一月初提出興亞院擬稿的「處理中國事變與調整第三國關係」的方案，擬奏請日皇批准，以便創造傀儡政權，又因該案修改「近衛聲明」，遭受樞密院的反對歸於流產，偽中央政權問題也就擱淺了。到了年底，由於長期消耗戰的結果，國內米荒、煤荒、電荒紛至沓來，社會不安，人心動搖，內閣每日開會討論都束手無策，議員二百五十人遂乘機提出不信任案，於是在侵華戰爭所引起的內外重重難關之前，阿部內閣便以四個月零十六日的短命

而夭折了。

　　在阿部內閣拆台之後，海軍大將米內光政拜受了組閣的大命。米內就任後，即發表聲明，稱繼續向「建設東亞新秩序」邁進，遵照已確定之基本政策處理中國事變，從獨立自主的立場調整與列強關係。可知米內內閣仍是踏襲阿部內閣的窠臼。但是「建設東亞新秩序」與調整對列強關係之間，根本就存在著不可調和的矛盾。而處理中國事變，除非日本完全撤兵回國，否則換任何人來組閣也是無用。戰事既無結束希望，則日本經濟必愈陷於困難，國內相剋亦必愈加深刻。近衛答覆軍部不願出來組閣的理由，就是因為沒有打開經濟難局的能力，他又說油和水即使擺在一起也是沒辦法的，意思是把軍部比作水，自己比作油，油輕水重，凡事均須聽軍閥擺布是無法行使職權的。米內充當聯合艦隊司令長官也許可以勝任，而來充當近衛尚不敢接受的總理大臣，解決這些無法解決的內外難題，談何容易！所以我們可以斷言：米內必將重演阿部的失敗無疑。

　　自九一八事變以來，日本已經換了十個內閣——若槻、犬養、齋藤、岡田、廣田、林、近衛、平沼、阿部、米內——，七七事變後，也已經換了四個內閣—近衛、平沼、阿部、米內——，政局的昏迷混亂，都不外侵略遺下的惡果。日本前外相幣原喜重郎說：「日本吞下滿洲，好比吞下了一顆炸彈。」炸彈已經點火了，日本帝國主義與其支配階級的毀滅也應該不遠了。

第五章　從日本社會情勢觀察日本必敗

一、充滿矛盾的日本社會

日本社會，是包含著不少的矛盾，誠如尤脫萊（F.Utley）女士所說：「是一充滿了苦難、偏狹、社會仇恨、報復精神、神經病，和狹隘的愛國主義的活地獄，是一個地主和農民、廠主和工人、大資本家和小商人、男子和婦女、青年和老人不斷地鬥爭著的戰場。」（見《日本的泥腳》）

日本的財富，大半集中於少數財閥之手，好像滾雪球似的，財閥愈滾愈肥，他滾過了的地方，便只留得一片赤地。既成財產，有三井三菱住友安田大倉野村古河川崎淺野等，其中尤以三井、三菱、住友為最強。三井財閥有資本五億至七億，屬其支配者有直系六十五公司，連同旁系合計一百二十三公司；三菱財閥有資本三億至五億，屬其支配者有直系六十四公司，連同旁系共九十公司，住友財閥有資本三億，屬其支配者有直系二十八公司，連同旁系

共五十公司。近年為了準備戰爭，又出現了一臺喝軍需景氣的乳汁而肥大的新興財閥。代表的新興財閥，是鮎川（滿洲重工業公司的支配者）、森（日本電氣工業會社的支配者）、野口（日本窒素工業會社的支配者）、中野（日本曹達會社的支配者）等。這些新舊財閥，掌握了日本金融產業的命脈，同時向政治軍事方面伸出觸手，一方面藉軍事的力量向海外擴張市場掠奪原料，一方面藉政治的力量搾取國內人民的血汗。這些布爾喬亞，住的金殿玉樓，吃的山珍海味，飲的美酒，出必流線型汽車，左擁右抱的，是如花似玉的美女，對於工人增加工資的要求充耳不聞，為買藝妓一笑卻不惜一揮萬金，有的把數萬張紙幣散滿一地，讓藝妓互相爭奪以取樂；有的把十圓一張的紙幣拭鼻涕。他們用愛國的名義，鼓勵人民去為國（實際是為他們）送死，自己卻在花天酒地享樂，只看戰時的花街異樣景氣，便知道他們在火藥氛圍下度著怎樣糜爛的生活了。

　　一般日本勞動大眾，卻過著極艱苦的生活，本來日本工人的工資，從世界的水準看來，已經很低，而這很低的工資，也還是逐年減少，據日本銀行的統計（以一九二六年為基準）一九三一年平均定額工資為九一‧三，一九三二年平均為八八‧一，一九三三年平均為八五‧一，一九三四年平均為八二‧九，一九三五年平均為八一‧三，一九三六年平均為八〇‧六，戰事發生後，定額工資雖有微少的增加，但以物價的騰貴為比例計算起，實質工資依然

只減少。如一九三七年上半年平均為一〇〇，一九三七年七月定額工資為一〇一・五，物價指數為一〇一・〇，實質工資為一〇〇・一，一九三八年二月定額工資為一〇二・七，物資指數為一一二・三，實質工資為九五・四。最近由於物價的奔騰，實質工資是更加減少了。可是一方面收入減少，一方面勞動條件卻愈趨惡劣，工作時間普通為十點鐘至十四點鐘，近年來為了加緊軍事生產，早上工、遲下工、夜工、徹夜工等延長勞動時間的方法，早已普及於各工場，甚至有連續作二十四點鐘工作的，為了勞動條件的惡劣，常損及他們的健康，不幸慘劇也日有增加，據《工場監督年報》之統計，昭和六年勞工傷害慘事，官營民營工場合計四一三一六件，昭和十年則增至七五九二六件，由於資本家無限度的剝削，所以勞資糾紛不斷發生，如一九三八年在戰時的高壓政策之下，也發生罷工事件五九三起，參加者達三萬五千人，自實施《全國總動員法》以來，也仍不能完全鎮壓住罷工，如一九三九年三月東京各企業即發生罷工事件一三六起，參加人數達一萬二百人。這實在是工人痛苦達到了頂點的反映。最悲慘的，尤其是和平產業的工人，由於戰時和平產業的衰退，據企劃院的估計，失業者達八十萬人之多。這些失業工人連同家族被擲出十字街頭，等著他們的只有飢餓與死亡罷了。

日本中小商人，也處於極艱窘的地位。一切產業都為大資本家所獨占，擁有巨大資本的百貨店，一手製造一手

販賣，從貴金屬布疋衣服以至一切日常用品應有盡有，給他們的生存權一種很大的威脅，資本家又很巧妙地利用「產業組合」的組織網，伸張勢力到農村，使全國各地小商人都受著極大的打擊。全國產業組合數有一萬五千，組合員有六百萬人，美其名曰自購自賣，排除中間的剝削，實則只犧牲了中小商人便宜了都市的資本家罷了，所以全國小商人發起「反產運動」，一時頗有燎原之勢。自戰事爆發後，政府實施經濟統制，如公定價格的規定，物資的限制，更給了他們致命的打擊，以致破產停業的續出不已，單就失業的商店員而論，即達五十萬人之多，木戶厚生大臣在地方長官會議中報告：「中小工商業家所受的戰事的打擊，比農村方面的還要厲害。」從支配者的口供中，也可聽出中小商人的哀鳴了。

　　日本婦女，依然被強制於中古的奴隸地位，雖然公司工廠為她們開了職業之門，那只為了節約賃銀而已，多數婦女被賣去當藝妓、娼妓，或被賣去龜戶玉井當私娼，放在小圓窗裏給遊客展覽，看貨還價，是怎樣的侮辱婦女人格！倘使婦女不願幹這種賤業而企圖逃走，那末警察便會把她捉拿交還給主人，其他如珈琲店的「女給」，料理店的「酌婦」，各種遊藝場的侍女，也都是半公開的賣淫，所以西洋稱日本為娼妓國，婦女地位的低下，可想而知，雖然日本先進婦女，為圖婦女地位的向上，組織了許多婦女解放團體，如婦選獲得同盟無產婦人同盟等，但是為了封建

殘餘勢力的作祟，卻不能有什麼發展。只有政府御用的愛
國婦人會、國防婦人會、處女會等反動婦女團體，卻布滿
了農村都會，不過時代的巨輪是不停地前進的，日本統治
階級畢竟掩蔽不了婦女大眾的耳目。如戰事發生後，婦女
「索夫團」的組織，有的婦女臥在鐵軌上阻止丈夫或兒子
去為軍閥當砲灰。可知日本婦女也將普遍地覺醒了。

　　日本青年，一般的趨向於頹廢消極，因為社會環境太
使他們憂鬱了。各大學的門口、酒店、麻雀店、珈琲館、
喫茶店、彈子房林立，一般青年為了無可舒洩，只得去追
逐神經末梢的刺激，雖然日本政府以「非常時」之名義嚴
加取締，也是毫無效力。青年自殺的，時有所聞，三原山、
華嚴瀧、大磯、阿蘇等自殺名所，是他們理想中的涅槃。
從都會的高層建築的樓上跳下自殺的，也很多，他們自殺
的原因，大概不外生活艱難、失業、無錢結婚等等，據昭
和九年的統計，一年中日本自殺男女人數達二千九百零六
名之多。由於社會環境的不良，一般青年犯罪者也日見增
多，據東京警察廳的報告，僅東京一地，一九三九年上半
年二十一歲以下之青年犯罪者，多至五千七百五十名，半
年間竟與一九三八年全年六千六百二十四名相差不遠。

　　在日本，封建殘滓的身分制度，至今依然存在著。日
本有五種階級：皇族、華族、士族、平民、新平民。華族
便是貴族，現有公爵十九名，侯爵四十一名，伯爵一百零
九名，子爵三百七十七名，男爵四百一十名，共九百五十

六名，他們享有各種政治經濟上的特權。華族總人口不過
五千五百人，而在貴族院則占了二百二十議席，他們利用
地位，霸占了各種國營產業機關，又與軍閥財閥朋比為奸，
壓搾下層民眾。而社會地位最卑下的，便是所謂「新平民」，
新平民從前稱為「穢多」，是封建社會一種最下賤的階級，
被限制居住於一定的部落，不能與普通平民為伍。雖然明
治四年發布了解放令，可是這是形式而已，實際新平民今
日仍受種種極殘酷的虐待，官公署不能插足，工場也不願
雇用，子弟教育從小學至中學大學都有差別待遇，被奪去
教育的機會平等，社交上的差別待遇更不消說，村政區政
都排除了它們，公有財產的入會權，神事祭典，公私團體，
都不許他們參加。（見松本治一郎〈華族制度改廢問題〉）
他們人口有一百數十萬人，均從事農業或皮革骨羽製造工
業，過著叫化子一般的生活，水平社是他們的鬥爭機關。
他們無時無刻不在等著機會，準備起來打破這種不平的社
會待遇。

　　日本社會，這樣充滿了矛盾，所以顯得異常不安，支
配階級為了鞏固其地位，自不能不加緊高壓與麻醉。高壓
的手段，便是強化警察網，日本警察在明治四年只有四八
一五人，到大正十四年便增為一一九六六人，到昭和八年
又增為一三七二三人。（見宕倉政治〈現代警察論〉）日本
警察的毒辣，是世界著名的，民眾有點形跡可疑，便是逮
捕，拘禁，嚴刑拷問，吊半浸豬，用竹籤釘指甲。所以一

般民眾畏懼警察的觀念，非常深刻，一方面軍閥財閥又豢養著許多暴力團體，或迫害社會運動領袖，或監視不滿現狀分子，或破壞工人罷工。日本支配階級的高壓手段，真是無所不用其極了。

同時，支配階級也不曾懈怠了麻醉手段，除了利用奴化教育而外，便是宣傳宗教了，日本迷信的盛行，是很令人驚異的，國家又用政治力量，保護各種宗教團體，所以邪教怪教，雨後春筍似的出現。但是這些宗教團體，不管怎樣對大眾說教，卻不能掩飾牠本身的腐敗，有許多專門誘惑良家婦女，蹂躪了她的貞操，便脅迫她的金錢，甚至女子懷了姙，便在神座前給她施墮胎手術，毋怪政府也看不過眼，不能不採壓迫手段，如擁有數百萬信徒的人道教、大本教及其他小教派日月教等，也終以「有傷風化」之罪名被解散了。日本社會的腐敗，從這裏也暴露無餘。

二、物價騰貴與大眾生活難

日本自一九三一年末金輸出再禁止以來，因外匯低落，預算膨脹，物價便已轉到上騰的傾向。據三菱經濟研究所的調查數字，批發物價指數如以一九三一年十二月十日（金輸出再禁止之日）為一〇〇，則一九三三年平均為一四四・〇，一九三五年平均為一四九・六，一九三七年平均為一八九・四，六年之間騰貴了百分之八九・四。當時國民生活已十分困難，大有不勝重負之苦了。

　　自戰事發生以來，為了物資的缺乏，生產量的降低，公債的大批發行，物價更表示了驚人的暴騰，據三菱經濟研究所的調查，自戰事發生至去年（一九三九）二月批發物價總指數增加了百分之一九‧二，就商品別而言，服裝原料增百分之五六，燃料增百分之三七‧六，穀物類增百分之二二‧四，建築材料增百分之一五‧九，肥料增百分之一三‧四。又據日本銀行的調查，同期間的零賣物價總指數，增加為百分之二四‧四。就商品別而言（一九三七年六月為一○○），食料品一九三七年七月為九九‧四，一九三八年一月為一○八‧五，一九三九年一月為一一八‧六；燃料一九三七年七月為一○○‧九，一九三八年一月為一一五‧八，一九三九年一月為一三○‧三；服飾用品一九三七年為一○○‧○，一九三八年一月為一○二‧二，一九三九年一月為一三一‧二。又據最近路透社的電訊，本年二月較前月燃料及電燈費增加百分一七，食糧飲料費增加百分之七‧一，衣服費增加百分之五‧六，家用品增加百分之五‧一，一般日用品增加百分之六‧三。由此可知日本物價，正以奔馬之勢飛騰。而這些數字，卻都是根據政府規定之公定價格，實際價格常比公定價格高幾倍，市面「黑市」橫行，如廢鐵一噸公定價格一百圓，實際賣至五六百圓，鋼一噸公定價格三百圓，實際賣至三萬圓，汽車車輪實際價格比公定價格高三倍至五倍，現在「黑市」已蔓延至棉布、絹織物、人造毛絲、木炭、機械類、皮革、

化學工業品、藥品等，範圍越來越廣，大有如火燎原之勢，物價既瘋狂的暴騰，當然國民生活費必隨之而提高，下面是日本內閣調查局的調查數字：

日本國民生活費指數表〈一九三七年七月為一〇〇〉

	工農大眾	薪金生活者
1937 年 8 月	100.6	100.6
9 月	100.7	101.7
10 月	101.8	101.8
11 月	101.8	101.8
12 月	103.0	102.9
1938 年 1 月	104.4	104.2
2 月	105.8	105.5

據上表的數字，即戰事發生後七個月間，工農生活費提高了百分之五・二，薪金生活者生活費提高了百分之四・九。現在戰爭已延長至三十二個月，大眾生活費必隨著物價飛騰而有驚人的提高，加以各種戰時負擔，國民生活的困難可以推知了。

日本政府為了抑制物價的暴騰，於戰事發生後一月便頒布了暴利取締法，禁止二十七種商品的囤積，並課販賣者已報告販賣價格的義務，後來又設立最高價格制度，將棉花紡織品、苛性曹達、人造毛絲、橡皮、水銀等商品規定最高價格，禁止市場上超過最高價格交易。一九三八年

四月，復成立中央物價委員會，內設食料品、燃料、纖維品、化學工業品、金屬品、房租交通費、運輸等分科專門委員會，由政府官吏、工商業家、第三者組織，去定各種商品的批發與零賣價格，又在各地設立地方物價委員會，以中央規定的標準物價為基礎。酌量增加運費，為了實施和監督標準價格，商工省設有物價事務官，各地警察署設有經濟警察官，並於一九三八年七月九日又公布了《物品販賣取締規則》，剋令商店須將物價委員會規定之標準價格列表張貼店頭。一九三九年七月，商工省復創設物價局，專門實行中央物價委員會所決定之政策，以圖全面的抑平物價。可是既沒有拔本塞源的方法，哪裏容易達到目的？倘使戰爭繼續下去，物資消耗愈大，公債發行愈多，惡性通貨膨脹發展的結果，將如歐戰時德國一樣，買一斤麵包要數十萬圓，買一雙襪子要數百萬圓，人民不堪生活的痛苦，就只有爆發革命了！

三、軍民精神動員的失敗

東京帝大教授矢內原忠雄在〈民族精神與中日交涉〉一文中說：

「目前的中國，正是民族意識民族精神的勃興期，也是民族國家成立的階段，日本卻是早已完成了民族國家建設的國家，到了如今，如同德川末期至日俄戰爭為止的日本民族國家的建設時代一樣，利用

特別的政策和努力，以鼓吹日本精神，是很難看得出民族意識民族精神的自然表現。為什麼？這是日本由民族國家向帝國主義發展的事實上的歷史反映，關於滿蒙華北問題，中國人全體燃燒著一種民族興奮，反之，日本人在民族全體的立場上，感情卻很冷淡。這不嘗說明了中日兩國的國家發展階段不同。據說華北問題，在中國形成了全民族的愛國運動，日本呢？一般國民卻連華北的情形華北醞釀的氛圍都不知道！」（見東京《帝國大學新聞》1936.11.7.）

這段議論，實在非常警闢，正因為日本國家發展已走到了帝國主義的階段，所以欲恢復如日俄戰爭時代一樣，拿愛國的名義去號召人民為國犧牲，是很難發生什麼反應了。日俄戰爭時代，送出征軍人的旗幟上都寫著「祈戰死」，今日再不能發生這種狂熱了，充滿日本國民之間的，只有「厭戰」、「反戰」的思想！

自田中內閣以來，日本帝國主義為實現其大陸政策便厲行所謂「思想善導」。一方面動員御用學者，鼓吹「大和魂」、「皇道精神」，一方面發布《治安維持法》，壓迫人民解放運動，創設特高課，增加警察名額，對於進步分子，施以種種迫害，並且箝制輿論，剝奪人民的出版自由，凡書報有不利軍國主義的，便加以「發賣禁止」或削除的處分，雖然如此，卻不能發生什麼效果，每個監獄，都被「思

想犯」住滿了，罷工、罷課、抗租的風潮不斷地發生，整個社會大有岌岌不可終日之勢。

日本軍閥為了轉移國民的視線，於是發動了九一八事變，向日本國民大吹大擂宣傳滿蒙為日本的生命線，只要奪得了滿蒙便可改善國民的生活，竭力挑撥日本國民對中國的惡感，鼓勵好戰空氣，又在中國接二連三的製造新事件，以圖持續國民之興奮，並創設文教審議會，以總理大臣為會長，文部大臣、內務大臣為副會長，聘名流為委員，以謀「國體觀念之徹底，國民精神之作興」。然而日本支配階級的誘惑欺騙，卻終於不能蒙蔽日本國民的耳目。誰都知道因奪得滿蒙而獲利的，只有軍閥與財閥。日本國民徒犧牲了十餘萬生命，得到的卻是軍費的重負，所以軍閥儘管奏著「膺懲中國」的爵士樂，國民卻並不和著跳舞，所謂「國民精神之作興」，畢竟「作興」不起來。

在如前面矢內原忠雄所說的「日本國民連華北醞釀的氛圍都不知道」的當中，日本軍閥又發動了七七事變。事變後不久，便發布國民精神總動員大綱，運動的目標是：「喚起舉國一致，注意發揚盡忠報國之精神，不管戰事如何延長，如何開展，都應忍耐持久，克服一切困難，貫徹長期之目的」。中央主持機關為情報委員會、文部省、內務省，經費文部省方面五十萬圓，內務省方面二十萬圓，全國各道府縣，各市町村，都有連鎖的組織，並召集全國各府縣總務部長會議，指示精神動員方針。但是牠的成績如何呢？

一般壯丁為了規避兵役，有的仿效「新豐折臂翁」，故意毀傷肢體的一部分；有的因為日本法律規定處了六年徒刑者失去服兵役資格，故意犯罪去坐監房；有的賄絡醫生偽造疾病證明書，以來緩役；甚至在鄉軍人也有不應召集的，所謂國民精神動員，只有增濃國民的厭戰情緒罷了，

　　毋怪法西斯軍閥也慮到了焦急，所以去年又在全國各道府縣成立「思想對策研究會」，牠所負的使命和任務是：（一）在都市及其他適要地區，以學校等之思想上中心指導者（即教師等）為對象，召開各種演講會、電影會、懇談會、研究會、鍛鍊會等等，灌輸思想上的麻醉劑。（二）在各中學校、青年學校、小學校、市町村、銀行會社、工廠，等各方面，施行同樣的麻醉方法，而特別注意於籠絡其中心分子。（三）將教學局推獎的麻醉圖書，推荐給各學校作教讀之用。（四）分配教學局所編纂的宣傳小冊子於各學校與各社團。（五）懸賞徵募頌揚侵略戰爭與法西斯主義的各種書籍及小冊子。（六）調查一般知識分子及人民的思想動向，必要時由警視廳加以檢舉逮捕。但是這次戰爭既是「特殊階級的利益戰和權位戰」，「並不是什麼有裨益於民眾的民族戰爭」（敵投誠軍官中山泰德在粵廣播語），日本國民不是神經痲痺，法西斯軍閥豈能一手掩盡天下耳目？試看風起雲湧的反戰運動，便知道日本國民不但在消極的反抗，並且在積極的反抗了。

四、風起雲湧的反戰運動

自七七戰事爆發後，日本革命民眾為了不願把自己的生命財產變成軍閥的砲灰歸於毀滅，在反動政府的高壓之下，展開了英勇的反戰運動。如在事變後三月——一九三七年九月，即發生了京都宇治火藥製造所與東京火藥廠電氣雷管結合工廠被炸事件，新潟丸新製油所也被反戰工人縱火焚燒，毀煤油及揮發油槽九十座。至十一月又有神戶海員為反戰而怠工，橫濱新潟大阪等地各大工廠工人也舉行聯合罷工與大規模反戰遊行示威。一九三八年二月，川崎千住出征兵士譁變，十八日神戶新兵家屬送新兵登輪時，呼噪反戰，與憲兵發生武裝衝突，被捕新兵七百人，家屬三百人，死傷七八十人，三日，秋田數千農民實行反戰武裝暴動，十一月，日本戰死傷軍人家屬焚燬某師團長的住宅，一九三九年三月，炮兵少尉川崎義、中尉增本八郎炸毀大阪陸軍火藥庫，旋被捕槍決，同時，橫須賀軍火倉庫亦被反戰分子縱火焚燬。七月，福岡大畫煤礦被反戰分子炸燬，被捕嫌疑犯達二百人。這樣的例，真是舉不勝舉，由此可知日本民眾已經成千成萬地覺醒，為自己，為人類，已在和黷武軍閥展開了你死我活的艱苦的鬥爭！

至於被派到中國作戰地寇軍，當初受軍閥的欺騙，以為中國軍真是不堪一擊，不料臨陣一看卻是那樣勇敢英武，歸鄉的希望完全幻滅，日夜跋涉於山嶽湖沼，甚至數天不得飲食，接得的家書又都是訴苦，這一切的一切，使

得腦筋素來頑固的寇軍，也自然地發生了厭戰情緒，尤其是財閥在中國爭奪利權的醜態，如山東煤礦被大倉財閥獨占，上海的煤油貿易被三菱財閥獨占，鐵道被住友、三菱、安田等財閥分占，紡織業被大川財閥獨占，運輸業被三菱財閥獨占……可是兵士們所得的卻只有死亡！觸目驚心，於是更令出征兵士由消極的厭戰，進而為積極的反戰了，我軍的俘獲品中，常常發現寇軍的反戰文書，又從寇軍的日記、書信中，也可看出寇軍厭戰反戰情緒之如何濃厚，至於在華寇軍的反戰實例，也是不勝枚舉，如一九三八年二月，敵一〇二、一〇三師團官佐二人士兵五百餘人，因圖叛變被捕；四月，敵軍二千餘名在蘇州譁變；十二月，江陰敵軍五百譁變，並殺害敵司令，滬酋聞訊急調無錫敵騎圍剿，始將亂事平息。一九三九年二月，從上海開至大沽口三千敵軍因寇酋騙往晉綏增援，發生譁變，同月漢口反戰分子預備暴動，因事機不密遭憲兵破壞，首領十二名被捕即被槍決，又雲夢敵軍二千由橫田大佐率領退回漢口，抵江邊便一齊叛變，橫田被戕；九月，天津特三區敵軍用倉庫被反戰士兵縱火焚燬。今年二月，桂南寇軍潰竄南甯途中，以「南支派遣軍反戰同盟」名義散發攻擊板垣近衛的反戰傳單。此外，又常有許多敵官兵為正義感所驅使，向我投誠，如中山泰德、堀田武一等便是，並且日本革命家如鹿地亙、青山和夫諸氏均投入我抗戰營壘，組織日本人民反戰大同盟，配合我抗戰從事反帝鬥爭，可知敵

國人民「把槍口從向外轉向內」的時機，實在已經不遠了。

　　日本軍閥政府從戰事發生以來，取締反戰運動真是不遺餘力，一九三七年十二月，內務大臣末次大將即下令逮捕了一千三百七十餘名反戰分子，在這些被捕者中有無產黨執行委員長加藤勘十、思想家山川均、大森義太郎、向坂逸郎、豬俣津南雄、大阪工人領袖兼島景毅、文學家中西伊之助等。一九三八年二月又舉行第二次大檢舉，東京帝大教授大內兵衛、有澤廣己；法大教授南金次；社大黨渡邊物藏等三十餘人均以反戰的罪名被捕，在這兩三年中，因反戰嫌疑而被捕的革命民眾，至少當有數萬人，至於軍隊中因反戰嫌疑而被監禁或槍斃的革命士兵，也是一天多一天，去年五月十六日，日本司法省舉行會議，木村檢事長公開指出，由於人民陣線及共產黨的潛行活動，由於鮮台革命分子的暗躍，由於回國士兵的惑亂人心，不測的事變或將爆發。英國名史家威爾士（H.G.Wells）去年也在倫敦《每日前鋒報》發表論文說：「一九一八年俄國內部發動暴烈革命的因素，現已一一出現於日本國內。任何政府，其最大的威脅，沒有過於其軍隊地敗北歸來，那時，日本的貴族高官及僧道說教者流，當首遭其難，而日本社會經濟的生活，亦將從頭加以改造。」我們對於日本法西軍閥固然燃燒著強烈的仇恨，而對於日本民眾實抱有無限的同情，我們衷心禱祝日本民眾從戰爭的火燄中打出一條血路來，擺脫軍閥的羈絆，實現解放的理想，我們今日的

抗戰，客觀地也是扶助日本民眾的解放戰，因為我們打擊了日本軍閥，就是幫助了日本民眾，日本軍閥的失敗，就是日本民眾的成功，我們衷心願與日本革命民眾及鮮台同胞攜手並進，打倒日本帝國主義，樹立永久的東亞和平！

第六章　從國際情勢觀察日本必敗

一、國際孤立的日本

　　日本的大陸政策，就是要剷除歐美列強在中國的勢力，實現東亞門羅主義，獨占中國，然後養精蓄銳，進而征服世界，《田中奏摺》有云：「欲征服中國，必先征服滿蒙；欲征服世界，必先征服中國」。這就是日本軍閥野心的告白，所以日本大陸政策的執行，不但危害中國的生存，同時動搖列強的東亞地位，日本的大陸政策如不徹底清算，無論日本外交變出怎樣的花樣，也只能糊塗一時絕不能消除日本與列強的磨擦，也就無法改善日本與列強的關係。

　　自九一八事變爆發，幣原外交沒落以來，霞關便成了三宅坂的支店，所謂內田外交，所謂廣田外交、有田外交，都不過軍部政策的複寫罷了。日本軍部素來夜郎自大，唯我獨尊，荒木貞夫曾說道：「日本只須有三萬根竹槍，便可與世界為敵。」正因為日本軍閥如此狂妄的行為，所以不

惜撕毀《國聯盟約》、《九國公約》、《非戰公約》，退出國際
聯盟，他們這種不顧國家信義的行為，當然只有激發民主
國家的惡感，所以日本與民主國家的關係，也就只有一天
天惡化。

　　在七七戰事發生後的第三個月，國聯大會即通過了譴
責日本空軍暴行的決議，同時通過議案如下：「本大會茲表
示對中國予以道義上之援助，並建議各會員國所有各種舉
動，凡足以削弱中國之抵抗力量，因而增加中國在此次爭
端之困難者，應一律設法避免，並請各國考慮各就其可能
範圍之內，個別援助中國」。一九三九年五月二十七日，國
聯行政院復明白指斥日本為侵略者，國聯外的美國，也曾
兩次通牒日本否認所謂「東亞新秩序」。各民主國家雖因種
種矛盾不能合作，用實力制裁日本，但是這種道德上的制
裁給敵人的打擊也絕不在小。

　　日本為突破民主國家的包圍，自然只有拉攏法西國
家，自一九三六年成立《日德防共協定》以來，日本軍閥
無時不在策動加強「德意日防共軸心」，以圖東西呼應，牽
制民主國家。不料法西國家卻是依實力說話的，見日本遭
遇我兩年間的抗戰，實力快消耗光了，再不能給她幫忙了，
竟拋棄日本如拋棄了一隻破草鞋。由於《德蘇互不侵犯條
約》的簽訂，所謂反共協定，是完全變成字紙簍中的字紙
了。

　　現在日本既被第三帝國出賣，顯然走軸心外交的路線

已經不通，但是要描畫新的外交地圖。打開對民主國家的外交僵局，也是難關重重。歐戰發生，日本一面聲明中立，一面警告各國政府「勿造成使日本放棄此種政策的可能性」，顯欲趁火打劫，威脅英法就範放棄對華的友誼，但是日本的「東亞新秩序」，是欲獨占中國，英法即使因歐戰緊張而對日讓步，也必有一定的限度，其不能放棄在華權益而承認日寇之獨占陰謀，至為明顯，蘇日關係也絕難調整，日寇年來對外無不以反共反蘇為標榜，蘇聯何能讓日本坐大，而養虎遺患？至於美國，維持中國門戶開放是她一貫的立場，野村的媚美外交既已失敗，米內內閣的有田外交又有什麼辦法？所以日本想調整對民主國家的關係，也是非常困難。牠在國際上的地位，只有一天比一天越形孤立罷了。

　　日本政客鶴見佑輔近發表論文道：「日俄戰役是關係國家盛衰的大事業，當時的日本實有如世界的寵兒，幾於世界的大部分國家都希望日本勝利，因此不吝其精神的和物質的援助，這對我們能確實的把握戰果，但是今日的中國事變，其情形與中國正相反對，日本成為世界非難的目標，世界對於日本的勝利都不表示歡欣，而對中國則不然，世界的同情都集中於他一國」。這就是說，日俄戰役，日本所以獲得勝利，是由於取得各國的援助，這次中日戰役，日本既是孤立無援，當然不能把握戰果，也就是必敗無疑了，現在我們來把日本與各國關係各別的檢討一下吧。

二、日本與列強的關係

（1）日本與蘇聯

　　帝國主義的日本與社會主義的蘇聯，實是不能兩立的。當蘇聯成立的當初，日本便鼓勵各國對蘇絕交，俾形成反蘇聯合陣線，各國攻蘇出兵三千人，日本出了一萬五千人，幸虧蘇聯紅軍善戰，歐美聯軍不到兩年均紛紛撤退，可是日本卻霸占伊爾庫次克以東四年有餘，堅不退兵，發揮獸性，燒殺淫掠，更勾結俄奸，製造傀儡政權，日本給與蘇聯人民的侮辱與苦痛，蘇聯人民當然是永遠不會忘記的，華盛頓會議以後，日本鑑於國際環境的惡劣，始於一九二五年正式承認蘇聯。但這並不是日本放棄了對蘇聯社會主義的敵視。不，日本正在積極準備，伺機攫取滿蒙為反蘇的根據地。

　　自一九三一年暴日強奪了我東北四省，於是其反蘇的陰謀也就日益露骨，蘇聯當時為了忙於五年計劃的建設，只得對暴日讓步，一再提訂互不侵犯條約，竟遭受了日本的拒絕。一九三三年更提議出售中東路，以減少相互間的磨擦，至一九三五年售路談判始成功，而日本在偽滿邊境的攻蘇準備，更著著進步，據統計，九一八事變後，日本在偽滿邊境增建公路共達二千二百公里，軍用鐵路一千一百公里，並在滿州里同江綏芬河各地建築飛機場，以哈爾濱為中心擴充江防部隊，一九三四年一月加倫向蘇聯大會報告，偽滿邊境集中日軍已達十三萬人、偽軍十一萬五千

人，同時，日本復在國際大作反蘇宣傳，並組織白俄以備充攻蘇的先鋒，蘇聯看穿了日本的陰謀，為了給打擊者以雙倍的打擊，所以在遠東也積極加強防務，竭力使其遠東省區在經濟上軍事上達成自給自足，加緊遠東區之工業化殖民農墾工作，建築西伯利亞雙軌鐵路，又建築新路，由貝加爾湖通至科木蘇姆斯克，以求運輸系統之靈活，組織新軍三單位，以七萬人駐外蒙附近，十五萬人駐黑龍江兩岸，六萬人駐濱海省區，據日本陸軍部一九三六年報告，蘇聯一九三二年在東部邊境已建築砲壘五千處，共費九千三百萬鎊之多。又據日本新聞之記載，蘇聯在海參威有重轟炸機五百架、潛水艇五六十艘、魚雷艇一百餘艘。在雙方武裝對峙之下，日蘇戰爭實有一觸即發之勢，只因日本見蘇聯強大，不敢貿然冒險罷了。

日本為加強進攻蘇聯的力量，於一九三六年十一月與德國訂立了防共協定，其後為了強化協定，勸誘意國也加入了，更強迫中國參加，以圖控制中國軍事，結果爆發了中日戰爭。在戰爭爆發之前，暴日曾大唱其「對中蘇同時作戰論」，滿想在短期內屈服中國，再移大軍以對付蘇聯，誰料中國英勇的抗戰，完全把牠拖入了泥沼！蘇聯知道日本進攻中國，就是進攻蘇聯的前哨戰，所以在精神上物質上都不惜給予中國以最大的援助，在中日戰爭的三年之間，日本也曾一再向蘇聯挑釁，最著名的，如一九三八年的張鼓峯事件，一九三九年的諾蒙坎事件，尤其是諾蒙坎

事件，蘇聯給了日寇一個很大的教訓。據日相畑俊六在地方長官會議中的報告，敵軍損失達一萬八千人之多，何況這裏還有一個很大的折扣，因此日寇知道蘇聯勢力的強大，而牠本身的精力已為中國抗戰用盡，被盟友德國出賣了，單刀匹馬絕不是蘇聯的對手，所以只得於九月十四日與蘇聯訂立了《諾蒙坎停戰協定》。

這次停戰協定的簽訂，絕不能認為日蘇關係的好轉，固然暴日為了長期消耗戰已元氣大虧，有向蘇聯屈膝求和的可能，但是盤纏在日蘇間的錯綜的矛盾，是絕無法解除的，第一，諾蒙坎戰事雖已停止，勘界卻仍是一個難題，查自敵人占據我東北四省後，其與蘇聯接壤的界線，長達四千三百公里，再加上諾蒙坎一帶界線七百六十公里，其總長實達五千零六十公里。（見伊藤正德〈日本對蘇國防的脆弱性〉）即使諾蒙坎一帶勘界可以勉強解決，而其他七分之六的界線，還是不能保持安全。在這五千零六十公里界線之中，除去作戰不可能的地帶外，至少有二千公里是作戰可能地帶，縱使敵人真有勘界意思，事實上也非三五年不能完成。第二，蘇日之間有許多懸案，即就漁業問題而論，日人在蘇聯領海內從事漁業者達三萬人，每年純利達五六千萬圓，這龐大的利益，在侵略的日本眼中豈能輕易放棄？此外，如北庫頁島油權煤權問題，締結商約問題，這些懸案也絕非一朝一夕所能解決的。第三，日本與蘇聯的立國精神根本不同，日本軍閥一向以攻蘇的先鋒自命，

尤其是關東軍，不反蘇便沒有了立場，倭政府與蘇聯訂立什麼協定，豈能限制這些好大喜功的軍閥？第四，蘇聯絕不會放棄中蘇間傳統的友誼去和侵略者握手。中國於一九三七年八月二十一日曾和蘇聯訂立互不侵犯條約，去年六月十六日我全權特使孫科先生與蘇聯國外貿易部長米科揚氏又在莫斯科訂立了平等互惠的商約。中蘇兩大國都是在革命中成長的，一向就有深切的諒解與真摯的友誼。史大林氏在蘇聯第十八屆代表大會中報告外交政策，一面宣稱不怕侵略者恫嚇，準備以雙倍的打擊去回答破壞蘇聯邊疆安全的挑釁者，一面復提出「援助被侵略者為獨立而抗戰的國家」，可知蘇聯是絕心援助中國打擊日本的。何況德蘇協定又解除了蘇聯西顧之憂，蘇聯如何能中侵略者的詭計，去幫助自己的敵人？蘇聯駐華大使潘友新氏到任國書頌詞有云：「蘇聯給予中國之援助，並非空言，而是事實」。這絕不是空泛的外交辭令，近蘇聯停閉倭寇占領區之平津滬三地領事館，也就是事實的表現。所以我們認為蘇聯不但沒有與暴日妥協的可能，並且等待對芬戰事結束之後還有向氣息奄奄的暴日刺最後一刀的可能。

史大林氏曾經表明為了「日本帝國主義伸其殺人之於手蘇聯境內不惜與日一戰」，可知蘇聯是早有與暴日作戰的決心的。日本如不放棄侵略政策，蘇日武裝衝突，恐怕只是時間問題罷了。

（2）日本與美國

美國與遠東發生關係，開始於一八五三年。當時美國提督白里（Perry）率領當時的新式兵鑑所謂「黑船」四艘，直抵浦賀，次年一月白里又率「黑船」七艘直入東京灣，自是打開了日本關閉的門戶，促成了明治維新。至一八九三年，美國奪得夏威夷，一八九八年占領菲律賓與關島，一八九九年併合薩毛亞，從此美國便確立了在太平洋上的霸權。當時她也想伸足於中國大陸，可是英俄德法等在中國設立勢力範圍，攫得在政治上或經濟上的特權，已沒有美國活動的餘地。所以美國不得不竭力來打破這種環境，推翻列強的勢力範圍，於是喊出「門戶開放」、「機會均等」的口號，這便是一八九九年美國國務卿海約翰（John Hay）宣言的由來，當時日本因滿州為帝俄的勢力範圍，正與美國一樣苦悶，所以竭力支持美國的中國門戶開放政策。日俄戰爭，美國因此不惜予日本以經濟的援助。不料日俄戰後，日本在滿州竟替代了帝俄的地位，日本的貪慾較帝俄更甚，遂造成了日美衝突的原因。

因門戶開放始能插足於中國的美國，又遭欲新抬頭日本的阻礙，一九〇九年美國國務卿諾克斯（Knox）遂有南滿鐵道中立的提議，並計劃敷設與南滿並行的鐵道，當然遭遇日本強烈的反對，於是日美的對立遂日漸尖銳化。不久，歐戰爆發，日本藉口對德作戰，奪取了我山東。又趁歐洲列強無暇東顧的機會，對我提出二十一條，想一舉而

使我成為他的保護國。美國孤掌難鳴，只得束手旁觀，後來俄國又發生了革命，更給與日本在中國發展的機會，而美國自己也捲入了歐戰漩渦，因此為了交歡日本，不惜訂立《石井蘭辛協定》，承認日本在中國的「特殊權益」，當時日本的得意可想而知。

可是歐戰結束之後，列強的關心又都回到遠東。美總統哈定（Harding）為調整戰後的遠東局勢，於一九二一年有華盛頓會議的召集。在中英美日法意比葡荷九國出席之下，除成立了以五：五：三比率規定英美日三國海軍實力的五強海軍條約外，關於中國成立了保全中國領土與主權完整的《九國公約》。在英美一致的壓迫下，日本占據了八年之久的山東也只得交還了，膠濟鐵路也由中國籌款贖回了，在西伯利亞方面，日本更一無所得的聲明撤兵。一九二四年四月，美國議會又通過《排日移民法案》，禁絕日本移民，美日關係因此愈加惡化了。

中國北伐成功後，為謀經濟建設，頗想利用美國資本援助，美國資本勢力的侵入，動搖了日本在滿洲的經濟地位。一九三一年，日本遂利用世界經濟恐慌的機會，發動了九一八事變。美國國務卿史汀生氏為阻止暴日侵略，一方向暴日提出強硬抗議，一方竭力聯英制日，不幸英國受了日本的誘惑，竟拒絕與美國合作，外相西門在國聯席上甚至公然演說袒護日本。次年上海事變發生，美國提議由《九國公約》的簽字國共同發表宣言，亦遭英國的拒絕。

史汀生氏嘗著了這兩次苦杯，只好消極地標榜不承認主義。後來羅斯福總統登台，對日積極態度便發生了很大的轉變，因為美國國內經濟恐慌之後有許多問題正待解決，並且美國也還沒有十分強大的艦隊足以壓服遠隔重洋的暴日，不如暫取消極態度靜觀形勢的發展，因此美日關係漸趨緩和了。

七七戰事發生後，美國雖採靜觀態度，可是美國正義派人士，顯然寄同情於我國。一九三七年十月，羅斯福總統在芝加哥發表了一篇痛斥侵略者的演說，不過由於孤立派的作梗，以及對於我抗戰實力的懷疑，美國對日態度依然沒有越出消極範圍，後來美軍艦巴納號被炸，美國也僅以道歉賠償為滿足。至一九三八年九月，上海的美商會及十個美國在華教會團體，向美政府電陳日本排斥各國在華利益的暴狀，美政府始為所動，於十月六日致牒日本抗議，措辭頗為強硬，這是美國採取積極姿勢的開始。十二月三十一日，美國又第二次致日本反對歧視美國利益的照會，去年一月四日美國復通牒日本反對「近衛聲明」，至七月間在英日東京談判中，美國復聲明廢止一九一一年所締結之《美日商約》，把陷入暴日圈索中的英國救了出來，美國對日的積極態度更進了一步。本來暴日對於美國經濟的依存性極大，據《日本商業新聞》之記載，一九三八年日向美購買鐵、油、棉花等物值九一五·三五三·〇〇〇圓，美向日購買生絲、疋頭、棉織品、陶器等物值四二五·一二

三・〇〇〇圓，又據美參議員蒲柏的統計，一九三七年美供給日本的軍需品占日本總輸入百分之五四・四，一九三八年占百分之三二。正因為日本市場的誘惑，所以美國資本家竭力為日本辯護，雖然廣大人民同情中國，反對實施中立法，終屬徒勞。現在美國政治家高瞻遠矚，毅然犧牲一部分商業利益，廢止商約，不復以巨額特資援助暴日破壞其本身在華權益，這實在是一種極賢明的政策。

自歐戰爆發後，由於英國的退出遠東，為了維持遠東均勢，美國的遠東政策更一天比一天積極。如增強太平洋全岸的防務，海軍轟炸機十五機與可以載運三十架飛機的航空母艦於去秋先後抵菲，阿拉斯加、夏威夷及其他各島正在建設空軍根據地，並施行「安全巡防制」，由名海軍戰略家安德盧少將率領軍艦四十五艘常駐珍珠港，配以夏威夷原有的空軍與潛水艇，構成一理想的「封鎖艦隊」。又十月間，美駐日大使格魯在東京七百人的歡迎會上，警告日本謂「美國輿論對於日本之『東亞新秩序』表示反對，美日兩國間的緊張關係，唯有日本放棄過去所採取的遠東政策始可設法補救」。最近美國進出口銀行又貸款二千萬美金援助我國。這都表示了美國確已有相當的決心，來制止暴日破壞《九國公約》的瘋狂行為。

美日的對立，是日益尖銳化了，據統計，從「七七」至去年十月敵炸美在華財產已達一千次以上。又據有田談話，美日間的懸案有六百件之多，野村媚美外交既已失敗，

有田雖用「開放長江」的甘餌騙誘美國，亦必不能緩和美國的對日感情。最近美眾議員亞歷山大聲稱美日將在十八個月發生戰爭，這也許不是沒有根據的放言罷？

（3）日本與英國

　　英國的基本外交政策，是勢力均衡主義。所以在遠東，當初英國為了受俄法同盟的壓迫，恐俄國勢力由東三省南下，進而控制滿清政府，因而不惜聯日以制俄，雇用其為東方警犬，於是有一九〇二年第一次英日同盟之訂立，日本得英國之援助，既勝強俄，不僅獲得了朝鮮的支配權，並且分得東三省的南部為其勢力範圍。英國這樣似可無懼俄國在東亞的發展了，但是俄國在印度方面的發展，尚不能不加以警戒，而且此時英德關係日趨緊張，為了阻止德國在東亞的發展，仍不得不請日本幫忙，於是又有一九〇五年第二次英日同盟之訂立，所以這次盟約的對象，包括著俄德二國。

　　英日同盟本是英國利用日本以制俄後來並以制德的一種均勢政策，但是日本則利用這個同盟擴張其在滿蒙的勢力。英國的目的在維持遠東均勢，結果，卻助長了日本勢力的發展，使遠東均勢不絕在變動中。日俄一戰，日本成為太平洋上的強國，結果與美國在太平洋上的衝突一天天尖銳化。英國怕日本利用同盟以對美，所以在一九一一年締結第三次英日同盟時，英國想把美國除外，在盟約中插入一條，凡對締約國之一方結有一般的仲裁條約者，若發

生戰爭，不負共同作戰的義務，因為此時英國對美國結有
仲裁條約。後來歐戰發生，日本利用同盟對德宣戰以後，
奪青島，占山東，向我提出二十一條要求，想一舉而獨占
中國，推翻歐美在中國的勢力。這使英美都感到了威脅。
所以一九二一年美國發起華盛頓會議，重申「門戶開放」
之義，迫使英日解除了歷時已二十年的英日同盟。英國為
恐日本威脅其在華權益，固然樂於廢止同盟關係，但對於
這匹警犬，究還存有一種戀戀不捨之情。因為歐戰以後，
英日的磨擦固然日漸深刻，而英美的對立也甚為尖銳，英
國對於美國的警戒也許更甚於日本。所以日本利用英美間
的矛盾，不把美國的「中國門戶開放政策」放在眼中，只
管進行其對華侵略，至一九三一年便造成了九一八事變。

　　日本強占我東北後，美國要求英國採取平行行動共同
制裁日本，英國卻希望事件和平解決，竟拒絕了美國的要
求。因為日本所侵占的為東北，英國料日本絕不致侵害她
在華中華南的利益，又與克萊武登系外交陰謀相關聯，欲
利用日本為攻蘇的先鋒，亦頗願日本在大陸獲得根據地。
所以《李頓調查報告》發表以後，一九三二年十二月國聯
會議加以討論，西門仍堅持其調解政策，不主採納，因為
英國的態度如此，所以國聯雖因諸小國的主張而採納了李
頓調查團的解決辦法，議決不承認由侵略手段所得的結
果，卻終無如日本何。但是英國儘管縱容日本，希望日本
攻蘇，而日本卻懼蘇聯強大，不敢貿然冒險，反因英國易

與，更向關內連續製造新事件，欲先謀控制華北然後進而控制華中華南。至此，英國始知日本不復是給她看門的警犬，完全變成了瘋狗反而要咬牠的舊主人了。

原來列強對華投資，以英國為首位。英國對華投資普及於各種事業，即運輸業二億七千七百萬圓（一四％），公益事業九千九百萬圓（五％），礦業四千一百萬圓（二％），製造業三億五千六百萬圓（一八％），銀行及金融業二億三千七百萬圓（一二％），不動產四億一千六百萬圓（二一％），輸出入及商業四億九千五百圓元（二五％），其他五千九百萬圓（三％），合計十九億七千九百萬元。此外尚有政府借款四億五千一百萬圓，文化事業二千一百萬圓。總計英國對華投資，實達二十四億五千一百萬圓之巨。所以日本勢力向關內發展，受打擊最大的便是英國。據雷麥教授《列國對華投資》一書之統計，一九三〇年末列強對華投資額如下表：

列強對華投資表

（單位千元。日本的滿洲直接投資除外）

國別	事業投資	借款	文化事業	總計
日	647,289	448,155	2,547	1,097,992
英	1,979,000	451,628	20,000	2,450,600
美	300,454	83,422	86,142	479,790
法	146,600	194,823	43,414	384,846
比	82,000	96,086	——	178,086

德	150,000	24,000	——	174,000
意	8,890	84,000	——	92,890
荷	20,000	37,412	——	57,412
斯干的納維亞三國	4,000	1,772	——	5,772
合計	3,474,233	1,421,307	152,103	4,947,643

　　從上表可知列強對華投資，英第一，日本第二，美國第三。英國在華既擁有如此巨大權益，當然不能坐視日本任意破壞。但是英國仍不願輕易放棄對日妥協，特派其經濟專家里滋洛斯（Leith-Ross）兩次訪日，均失望而回，英國提議英日兩國不妨在華劃清界線，以華北為日本活動範圍，以華中華南為英國活動範圍，可是日本為了要獨占中國，連這樣的條件也不肯承認。於是英國不得不改變方針，為了牽制日本的發展，則由勢力均衡主義，最合理的辦法自然是援助中國。一九三五年里滋洛斯援助中國幣制改革，便是援華政策的積極的表示。待七七事變爆發，英國在精神上物質上都給與我莫大的援助，這是大家共見的。

　　但是由於我們兩年來抗戰的英勇，日本受了致命的打擊，已由一個頭等國家降為二三等國家，所以英國對於日本的戒懼已不似從前一般厲害，因而英國對於中國的援助也不似從前一般積極了。去年七月為了對德關係惡化，竟不惜與暴日在東京會議中成立初步協定，言明「英國知悉在華日軍為保障其自身之安全與維護其占領區內公安之目

的計，應有特殊之需求，同時知悉凡有阻止日軍或有利於
『日軍敵人』之行為與因素，日軍均不得不予制止或消滅
之，凡有妨害日軍達到上述目的之行動，英國政府均無意
加以贊助」。英國對暴日屈服，固然是由於老大英帝國實力
不充足，不能東西兼顧，實在也可這樣解釋，英國前次之
助中國，無非欲利用中國之力與日本的勢力造成平衡以為
牽制，今我兩年來英勇的抗戰，證明中國已堂堂地站起來
了，遠東的均勢正在變動中。不過英日帝國主義間現存的
矛盾，也絕不許可英日妥協的輕易成功！

（4）日本與法國

　　日本與法國的關係，年來也一天天惡化。日法衝突的
原因，一是由於日本蹂躪法國在華權益，一是由於日本垂
涎法國越南。日本的南進政策，就是要把菲律賓、婆羅洲、
荷屬東印度、馬來亞、暹羅、越南一併置於日本的統治之
下。尤其是越南，暴日認為是供給中國抗戰物資的策源地，
為「建設東亞新秩序」之最大障礙，所以特別把它看作眼
中釘。

　　七七事變發生不久，暴日即以滇越路運輸軍火向法國
提出抗議，法國即於十月命令越南政府不許軍火過境。法
國雖俯首帖耳容納暴日的要求，暴日卻得寸進尺愈加放
肆。至去年二月十日，暴日更悍然占領海南島，海南島距
法屬越南僅一百六十哩，距廣州灣僅七十哩這顯然給與法
國一大威脅，暴日猶以為不足，接著又占領斯巴特萊島。

斯巴特萊島介於安南、菲律賓與婆羅洲之間，對於法領越南沿海各航線之交通，至關重要，法國於一九三三年七月二十五日正式宣布占領。現在日本竟以武力兼併，其藐視法國的程度可見一斑了。

　　自廣州失守，粵漢路中斷，海防取代香港，滇越路又取代粵漢路，而海防龍州南粵公路之運輸較滇緬路尤為頻繁。此外，中法前訂立之成渝鐵路借款，亦移作建築南甯至鎮南關之鐵路，構成西南交通之主要幹線，所以暴日對於越南愈加敵視，遂於去冬由欽防登陸，進攻南甯，直接威脅越南。本年二月間，寇機竟先後兩次狂炸滇越路，炸傷法人五名。法國至此不能再加容忍，前後兩次向倭政府提出抗議，倭政府只得向法大使亨利表示歉意，聲明願賠償損失。法國並且拒絕日暹通航民用機在越南境內降落，使日機不得不繞道五百四十哩。而本年三月十五日滿期之《法日商約》，法方亦不擬續訂。按《法日商約》係於去年三月締結，一年來日本與法國及其殖民地之貿易總額共達六・四五〇・〇〇〇鎊，日本向法國輸出罐頭魚及陶器、生絲、樟腦等物總值三・七五〇・〇〇〇鎊，日本從法輸入軍用品及突尼斯之鹽，越南之橡皮、鐵砂、米、煤等物總值二・七〇〇・〇〇〇鎊。自歐戰爆發，法國自給已感不足，加以暴日轟炸滇越路，激起法國人民公憤，所以《法日商約》即將陷於無約狀態。法日的對立，是更加尖銳化了。

法國近年的遠東政策，大抵追隨英國，英法雖因有事於歐洲不能傾注全力於遠東，但兩國之在遠東與在中國的既得權益不容宰割，至為明顯，日本如不放棄其所謂「東亞新秩序」，則法日關係必無法改善，暴日的外交也就只有愈陷於孤立。

（5）日本與德意

日德意是三個所謂「無」的國家，好比江湖上的光棍，拜把結義，彼此幫兇，原也無怪；至於他們的什麼防共協定，究不過向「有」的國家敲詐一種煙幕霧罷了。

自破壞條約的罪魁日本奪去了我東四省，不久，意大利也就起而效尤，侵略阿比西尼亞，他們的動機完全一致，自然發生一種共鳴，於是一九三六年十二月便成立了《日意協定》。協定內容日本承認意併阿比西尼亞，阿國日使館改為領事館，意國承認偽滿，在遼甯設總領事，兩個國際惡漢，互相承認侵略結果，暗鳴得意。在《日意協定》成立的稍前，日本與德國也締結了所謂防共協定，於是日德意事實上形成了三角的同盟關係。

七七戰事不久，《日德防共協定》，更擴大為《日德意防共協定》。這在日本軍閥看來，是日本外交的大成功。因為：第一，可以利用德國來牽制蘇聯，使蘇聯不能傾注全力於遠東；第二，可以利用意國在地中海搗亂，使英國不能東西兼顧；第三，可以利用三國的武裝示威，增強美國孤立派對於戰爭的恐懼，以牽制美政府，俾日本得在東亞

為所欲為。希特勒為履行同盟義務，於一九三八年二月下令召回在華軍事顧問福克豪遜（Falkenhausen）等三四十人。在承認偽滿後，又進一步簽訂所謂「修好條約」，訂立《德滿日協定》，至九月間，更擴大內容，成立《德滿通商協定》。日意也於同年七月在東京簽訂《意日滿貿易協定》，於是德意日從政治的勾結更進展到經濟的連鎖。原來德意日物資都很缺乏，為了準備戰爭自然不能不互相幫忙。德國最缺乏食糧、汽油、與油脂類，在九一八以前，每年必須向我東北購入大批大豆，以解決此項問題（因為大豆的豆粕可以製紙、製代用麥粉，豆油可以用於製機械潤滑油、合成汽油及食用等）。自東北被日本奪去，世界產豆最多的地域落在日本的掌中，這是促成日德接近的原因之一，《德滿通商協定》主要內容就是規定每年由偽滿輸德大豆一億圓，由德供給所謂五年計劃建設用的機械鋼鐵及技術人員。《意日滿貿易協定》內容，是意大利購買偽滿大豆、花生等農產品一億里拉，豆油、豬毛二千萬里拉，日貨三千萬里拉，日本購意貨九千萬里拉，偽滿購意製機械二千四百餘萬里拉，汽車二千五百萬里拉。

日本在國際人士環矢集攻之下，得德意兩國替牠搖旗吶喊，當然非常感激，豈知小人利盡則交疏，德國見日本為中國兩年間的抗戰把實力消耗光了，已不能給她什麼助力，便把盟友一腳踢開，而和昔日的仇敵──蘇聯握起手來。由於《德蘇互不侵犯條約》的簽訂，反共協定一朝化

為廢紙了。日本一場好夢醒來，只剩得孤影悄然，牠在國際上的地位，是更加陷於孤立了。

三、被壓迫民族的公敵──日本

日本帝國主義，是侵略的先鋒，是最野蠻的國際土匪，是歷史的開倒車者。日本帝國主義的大陸政策，就是要獨霸東亞，把東方被壓迫民族用鐵鏈鎖著永遠踏在腳底。所以日本帝國主義不但是其直接支配下的朝鮮台灣、琉球等弱小民族的公敵，也是全東方被壓迫民族的公敵。撲殺日本帝國主義，是東方被壓迫民族一致的願望！我中華民族很光榮的擔起這一任務，就要英勇地完成這一任務！中華民族解放運動的成功，就是東方被壓迫民族解放運動的成功；中華民族解放運動的失敗，也就是東方被壓迫民族解放運動的失敗。試想被壓迫民族在怎樣熱烈的支持我們，就知道我們的責任是怎樣重大了！

朝鮮：朝鮮民族自受日本殘酷的統治以來，是無時不在和日本帝國主義作著艱苦的鬥爭，最有名的例子，如一九一九年三月一日轟轟烈烈的全國大運動，結果被殺志士達八千四百餘人，如虎之門、二重橋兩次的結義，如義烈團的運動，如聯合上海臨時政府與內地民眾的五月大革命，以及一九二九年底光州發生的獨立運動……總計朝鮮從一九一九年至現在發生的大小革命暴動，已不下二千餘次，自我國發動抗戰後，朝鮮人民的反日運動更形活躍。

事變不久，朝鮮民族革命戰線便統一化起來。由三個主要團體朝鮮民族革命黨、朝鮮民族解放運動者同盟、朝鮮革命者聯合，共同結成朝鮮民族戰線聯盟，集中力量，發動大規模的民族解放鬥爭。兩年來的革命實踐，已使日本帝國主義心驚膽破，如朝鮮忠義救國軍二萬人，曾收復過離漢城不遠的成歡、水源二城，敵平安北道鴨綠江口之多獅島新築港被朝鮮工人炸燬，漢城平壤壯丁因反對徵兵發生暴動，僅憑菜刀鋤頭為武器，殺斃日寇無數，京城東洋棉花倉庫、京城發電公司、昭和證券所，均被朝鮮革命黨員焚燬。被日寇強徵來華的朝鮮士兵，也接二連三的叛變，如去年二月八日朝鮮士兵六千餘名在廣州大舉暴動，擊死敵軍官甚多，寇酋安藤急調大軍圍剿，激戰竟日，始告平息，捕獲為首崔長貴等八百餘名概行槍殺。至於在華朝鮮革命志士，更組織朝鮮義勇隊，親冒烽火作瓦解敵軍工作，有時且加入戰鬥。朝鮮兄弟這種英勇偉大的革命鬥爭，必將繼續到日本帝國主義拆台之日為止。

台灣：台灣同胞自脫離祖國以來，也無時不在作著英勇的鬥爭，希圖樹立自治的政府，脫離萬惡的日本統治。每次所遭遇的打擊，完全和朝鮮一樣，尤其「哆吧哖慘案」留給台民以至今不忘的莫大奇痛，一九一八年青年會的組織，一九二一年台灣文化協會的創立，一九二三年的召開反日統治大會與設置台灣議會，一九二六年台北無政府主義者的革命運動，一九二七年的復興運動，一九二九年的

二萬人簽字大請願，以及一九三〇年台灣民眾黨的召集全島代表大會，合計大小革命運動，也不下一千餘次，志士斷送頭顱的足有二萬餘名。自祖國發動抗戰，台灣同胞的革命運動愈形活躍，反戰暴動已發生十餘起，有名的例，如一九三八年三月台灣工黨領袖高斐當徵兵時暗令所屬應抽工人數千人等待領得武器，即在宜蘭發難，當時有四五百人攻入日寇司令部，激戰四小時，死傷千餘人，焚燬火藥庫，繳奪大量軍火，退入蕃人霧社境內的阿里山中，與二十萬生番結合成台灣義勇軍，奠立了台灣的抗日游擊根據地。同年夏季，台灣共產黨暴動，炸燬著名的久留米儲油池，當時擊斃敵衛兵十餘人，重傷二十餘人，可供六年用之煤油完全損失，九月十一日高砂族番人反對徵調發生暴動，殺死日寇百餘名。十月十日基隆壯丁四千，當領得機槍四挺及步槍子彈若干，即將敵軍官三十餘名盡行槍決，日寇急來鎮壓，雙方發生激戰，復擊斃敵一百四十餘名，卒因敵援軍續至，台軍遂退入深山。又留華台胞為援助祖國抗戰，並在福建崇安成立台灣義勇隊。台胞深知只有爭取祖國抗戰的勝利，就能回到祖國的懷抱，所以正在配合著祖國抗戰，堅苦地挖著日本帝國主義的墳墓。

　　琉球：琉球自被日寇併吞後，也沒有忘記了反抗，雖然她孤懸在大海中，只有五十萬人，也伸入了敵寇徵兵的血手。琉球人為了擁護祖國，常常自殺而不願替敵寇賣力。一九三八年三月十二日中央社臨沂電：「我龐部在湯頭東池

草坂發現自縊日兵八名，均為琉球人，留有遺書謂彼係中國人，不願打祖國，望祖國軍民保其屍體並望掩埋云云。」這雖是一種消極的反抗，也可見琉球人民反日情緒之一斑。

印度：印度人民深知中國的抗戰，關係全東方被壓迫民族的運命，所以自中日戰爭發生後，便發動了種種同情我國反對暴日及實際援助我國抗戰的運動，如迭次舉行「中國日」，第一次為一九三八年九月二十六日，第二次為去年一月九日，第三次為七月十二日，是日全印度各城鎮鄉村和各機關團體均舉行盛大集會，一致反對日本對於中國的非法侵略，斥責日軍在華的暴行，又捐藥物款項以救濟中國傷兵難民，並發動杯葛日貨運動。後來知道我國最缺乏與最需要的是大批的醫師與大量的醫藥，便又發起一個「援華醫藥團」，實行到中國戰區來服務，第一批選派了安德爾（M. M. Atal）等五位醫師，並派送了一輛大戰地醫車與一輛大貨車及五十餘大箱藥物。去年八月間，國民大會主席尼赫魯氏並親來中國慰問我抗戰。由這一切，可知印度人民是在怎樣的為中印共同目標而努力。

緬甸：緬甸對於暴日，也同樣燃燒著強烈的反感。如最近緬甸政府曾聲明允許援華的軍火，假道運輸，並痛斥倭寇的恫嚇，又緬甸訪華團由宇巴倫氏率領於去秋來華，代表緬甸人民慰問我抗戰並向我最高領袖致敬，足見緬甸同情我國之一斑。

此外，如菲律賓之募大批捐款接濟我國，並開放華人

入口限制允許我國難民入境，安南之普遍的排斥日貨，都可證明東方被壓迫民族已一致認清了共同的敵人，知道必須打倒共同的敵人——日本，大家纔有翻身之一日。以我中華民族為先鋒部隊，東方被壓迫民族將齊著步調，跨過日本帝國主義的僵屍，達到自由解放的樂園！

第七章　從中國抗戰情勢觀察日本必敗

　　敵寇滿想三個月時間便可達到解決目的的中日戰事，如今到了牠預定時間的十倍以上，解決目的還是沒有達到。這固然一方面由於敵寇本身有許多弱點，一方面也由於我抗戰力量的不斷增強。原來敵國是個強國同時是個小國，我是個弱國卻是個大國。因為牠是強國，所以戰事初期我不能抵抗敵人的銳鋒而有嚴重的損失，因為我是大國，所以戰事愈延長我潛在的力量愈發揮愈占優勢。敵寇本希望「速戰速決」，不能實現，又希望「速和速結」，又不能實現，於是採取「謠言攻勢」，製造傀儡政權，其卑鄙無恥真是可憐亦復可笑！現在我們確已愈戰愈強，無論從軍事、經濟、政治、社會任何方面觀察，都可證明這個真理。我們力量的相對加強，就意味敵人力量的相對削弱。所以就從這一點來說，也可斷定日寇必敗無疑了！

一、軍事愈戰愈強

在世界人士環視的當中，中國抗戰三年間的偉大進步，是誰也不能不感到驚異，尤其軍事的偉大進步，在世界戰史上寫下了最光榮的一頁！

日寇以數十年的準備，採取現代最新的戰術——立體的精兵打擊主義，企圖在華北方面，一週陷大同，一月占據山西全部，在華中方面，十日攻陷上海，三週攻陷南京，一月而迫武漢，然後由華南登陸占廣州。以為這樣三個月便可結束全部對華的軍事，牠這如意的算盤，不料在我英勇將士的鐵槌之下完全粉碎了。

南口之役，湯恩伯將軍率領健兒浴血殲敵，從八月初起支持二十餘日之久，給了寇軍板垣師團一個下馬威。忻口之役，我以裝備劣勢的陸軍，粉碎寇軍數師團之眾。平型關之役，我軍出奇制勝，斬殺敵軍數千，俘獲勝利品無數，使寇酋嚇得目瞪口呆。這幾次光榮的戰績，奠立了今日山西勝利的基礎，敵寇一月陷山西全部的計劃，是完全變成了神話。上海之役，我集四十萬大軍與敵軍十餘萬、大砲三百餘門、戰車二百餘輛、飛機二百餘架作戰，在敵寇陸海空的猛烈火網之下，血戰三月之久，外國軍事觀察家咸稱讚不已。在此次戰役中，敵寇犧牲五萬人以上，又證明了敵寇十日陷上海的計劃，陷於絕大錯誤。

自上海失守，南京即已失去軍事價值，且中央政府已西遷，並無死守之必要，所以我軍迫敵寇付了相當的代價，

即從容退出南京。敵寇占領我首都之後，即圖攻陷徐州打通津浦線。敵寇第一次攻略徐州，係採南攻北守策略。我徐州防衛軍總指揮李司令官坐鎮如山，靜候敵軍半渡淮河出而奮擊，當將渡過淮河之七萬餘擊潰，寇軍不得已潰退南岸。敵寇第二次攻略徐州，係採側擊策略。寇軍由山東日照登岸，編成快速部隊襲擊臨沂，企圖截斷隴海鐵路徐州段，收側擊之效。張自忠將軍率領齊魯健兒於臨沂一帶，給敵寇以迎頭痛擊，斃敵數千，凶鋒頓挫，敵寇的計劃又成泡影。敵寇第三次攻略徐州，係採南守北攻策略。津浦北段寇軍以兗州為進攻根據地，以板垣師團為主幹，編成高速度機械化精銳部隊，向我臨棗陣地猛攻，來勢洶洶，已將我臨棗線陣地突破，我採取外線包圍戰略以待敵，故意步步退卻，將敵寇主力部隊誘入台兒莊三角地帶，施行大規模的殲滅戰。結果，板垣、磯谷二師團幾至全滅，寇軍被俘數千，死傷三四萬人（敵寇自承損失一萬一千人）。這次戰役，不但說明了我軍質的加強，並說明了我戰略的成功，即我在東南作戰的部隊，已建立了運動戰、陣地戰二位一體的機動戰術。敵寇經過了這次的大失敗，老羞成怒，於是開始第四次徐州攻略計劃。這次採東南北三面同時進攻，另以快速主力部隊，採兩翼包抄恣態，切斷隴海鐵路鄭徐間交通，妄想一舉將我野戰主力包圍殲滅，以達成對華作戰主要目的，徐州會戰五閱月，迫使敵人使用兵力十七師團，我軍因消耗戰目的已達，於是退轉後方休養，

使敵寇撲了一個空。

敵寇占據我徐州後，便集中目標攻我武漢，欲吸引我方的軍力集結於數條戰線上，企圖實現消滅我主力的夢想。敵寇集結主力於皖中、豫東、豫北一帶，欲從東北兩面，對武漢取大包圍形勢，而在長江方面則以海軍軍艦百餘艘輔助陸軍沿江躍進，可是豫北、豫東方面之敵，因黃河潰決被阻於開封，於是敵寇變更策略，以陸海空軍全力集中於「沿江躍進」，我軍在長江兩岸，遂與敵寇展開了大規模的血戰，我軍隨在收穫了光榮的戰果，尤以九月八日廣濟之役，我孫連仲、李品仙二將軍率領兵團，以迂迴、夾擊、連繫的進襲方式，破敵五聯隊。又十月十日德安之役，我張發奎、薛岳兩將軍率領兵團，殲敵二萬，與廣濟之役後先輝映。此次會戰，敵寇使用兵力達三十三個師團，死傷三十一萬餘，其中傷兵與病兵約二十五萬，空軍「四大天王」全部覆沒，飛機損失達其全部機數的四分之一，敵艦被擊沉或擊傷者共五十三艘，時間延長至五個月之久，我軍因戰略關係，且武漢物資已全部西移，失其重要性，便自動放棄了武漢。於是第一期抗戰，遂告結束了。

自放棄武漢、廣州踏入第二期抗戰階段，我軍便一躍而爭得了主動地位，從前我軍最感痛苦不便的，是領土寬闊，我在此處困守，敵則從彼處進攻，我常陷於「守不知所守」的被動地位。自踏入第二期抗戰的新階段，我軍便將第一期困難處境完全克服，而把淪於泥淖中的敵寇愈拖

愈深。至此敵人已不能測定我軍主力的所在，完全被投入了「攻不知所攻」的苦海。在去年初，華北寇軍進攻晉南，在中條山遭受慘敗，進攻晉中和晉東南，也在我英勇的游擊隊和正規軍的巧妙戰術之下碰了壁。因此只得變更方向，從華北轉到華南，二月十日在海南島登陸，以圖作為進攻我大西南的根據地，可是由於我瓊島軍民的浴血抗戰，寇軍無法控制全島。敵寇為了刺激國內的輿情，又從華南轉到華中，於三月下旬，分三路向南昌猛撲，我南昌守軍在英勇抗戰下，使寇軍付出極昂貴的代價，傷亡一萬五千人以後，始於三月二十九日放棄南昌。但我軍放棄南昌後，卻運用極巧妙的機動戰術，不但阻止了敵軍的西進，使牠無法攻入湘省，而且在南昌外圍迭克要隘，把寇軍陷在四面包圍之中，使寇軍一直到今天還是無法獲得寸進。

寇軍在贛北方面既告失敗，從五月開始又策動向鄂北的進攻，原來我軍自退出武漢後，即在鄂北布置了數十萬大軍，日寇為了妄想除去這種威脅，就用了八萬到十萬的兵力向鄂北發動。所謂鄂北前線，北起信陽，南經隨縣，西南包括大洪山脈，折北至鍾祥以北為止，最初寇軍以進攻襄陽、樊城為中心，遭遇我軍的猛擊，寇軍很快的就崩潰了。後來寇軍又屢次進犯潛江，進犯隨棗，沒有一次不遭受慘重的打擊，至八月初旬終於總退卻下來。在這次鄂北大戰中，更證明了我戰鬥力的增強。

敵寇為了鄂北慘敗，老羞成怒，於是派西尾、板垣兩

酉來華，圖作進一步之軍事冒險。九月中旬開始在湘北、贛北一帶活動至九月下旬，敵寇集中華中之寇稻葉、甘粕、藤田、荻洲、中井五師團，十餘萬人，一股沿粵漢北段，以錐形突貫之戰術，直撲長沙，一股自湘贛之間，出通城、平江沿幕阜山脈，以左翼迂迴之戰術，撼長沙之臂，一股乘軍艦百餘艘，向洞庭湖右翼迂迴，在鹿角一帶登陸，進犯湘陰，妄想一鼓聚殲我大軍於汨羅、湘水之間。我軍在敵寇初進時，即有計劃的全師引退，於敵後敵側待機而動。當敵寇正面挺進至長沙外圍之橋頭、金井等地，尚未與其左翼迂迴部隊取得密切聯絡時，我主力乃紛紛在敵後敵側次第出現，將敵寇依次截斷，各個擊破，一週之間，即完成了殲滅的工作，敵寇死傷三萬餘人，遺棄及焚埋傷兵達五千餘人，此次敵以陸海空軍立體戰備作戰，兵力達五個師團，仍遭慘敗。以往每度會戰，我精銳部隊必被吸引集中於一個戰場，自鄂北戰役我軍分用兵力獲得勝利，纔堅定了主動戰術的信念，這次湘北所用兵力不過上海戰役之半，而應付遊刃有餘，足見我軍確已愈戰愈強了！

　　敵寇為掩飾其湘北的失敗（日人自稱為日本有史以來的奇恥），不久又發動桂南戰爭，十一月十五日從北海龍門港登陸，襲擊欽防，沿公路向南甯猛撲，經過了十天的戰鬥後，南甯我軍移轉新陣地。這次我兼得地利人和，敵寇將遭受比湘北更大的慘敗無疑，我世界有數的戰略家白主任正在周密布置，預備把敵寇一網打盡。目前寇軍正節節

敗退，可知桂南寇軍總崩潰的時期必在不遠了，敵寇在桂南不能發展，於去年年底又發動粵北戰爭，在粵北戰役中，敵寇嘯聚了三師一旅之多，加上偽軍萬餘人，分作七個兵團進犯，在戰術上，敵寇採取了慣用的延翼大迂迴，十二月二十六日，我軍在牛背脊地方將寇軍正面的主力擊潰，斬獲二千餘人，燬敵戰車一百餘輛，挫折了敵人的銳鋒，可是敵人的右翼部隊還是不顧一切向東北猛衝，今年一月□日僅攜五日食糧的敵人到了翁源城北十二公里的新源，遭我軍痛擊，遂慌忙南退，我軍尾擊於後，民眾伏擊於旁，敵寇遂一敗塗地而不可收拾。結果共計死傷三萬餘人之多。這次我應戰部隊不過八師，在數量上不及敵人（因我師編制的規模不及敵人之大），仍造成了光榮的戰績，中國抗戰實力的滋長，在這一役裏又可得到最切實的證明。

　　現在我軍在將近三年的戰爭的鎔爐中，已鍛鍊成了鋼鐵一般的堅強，無論從軍隊的質的量的方面說，都比抗戰初期有了驚人的進步。量的方面，已較初期增加了一倍有餘，擁有二百五十師以上（據馮副委員長的演說），其中三分之一調後方訓練，三分之一鞏固防線，三分之一深入敵後。質的方面，由於軍隊政治工作的建立，戰鬥力更飛躍地提高了。尤其是新軍的長成，更給了最後勝利一種很大的保障，我機械化大兵團，將以颯爽的英姿出現於戰場，如去年十月三日及十月十五日兩次轟炸武漢寇軍機場，就是我新軍活躍的前奏曲，現在我與敵寇的傷亡率，已由初

期的三與一之比，變而為一與一之比，游擊戰區且變為一
與十四之比了。我運用靈活的游擊戰術、機動戰術，在綿
亘四千公里之長的戰線上，隨時隨地打擊敵人，變敵人的
後方為前方，使敵人顧此失彼，疲於奔命。敵寇表面佔據
了某省某省，實則不過占據了幾座空城，幾個據點，和交
通線附近而已，即以河北為例，全省一百三十縣，寇軍僅
完全占據了平谷甯河二縣（根據冀偽警務廳去年二月份調
查之報告），其他為游擊隊完全占領者計十八縣，縣境在游
擊隊勢力之下者共六十八縣，縣境有游擊隊活動者計二十
一縣，敵從未委派縣長者計十一縣，情況不明者十一縣。
由此可知敵後我軍之活躍，姑無論敵寇絕無力前進，即使
再奪得幾個據點，也是無裨大局。現在我軍飛躍的增強，
配以地勢之利，不久的將來，即將由相持階段而進至反攻
階段了。我光榮國軍已用鐵一般的事實向我們約束奪得錦
標就在目前了！

二、經濟基礎穩固

中國是個農業國家，鄉村是能自給自足的，並不像資
本主義國家一樣，鄉村為都市的寄生體，所以雖然失去了
上海、南京、武漢、廣州等大都市，並不能動搖我國國民
經濟的根本，中國的抗戰基礎，誠如蔣委員長所說：「不寄
之於都市，而寄之於鄉村」。這是中國所以能經得起長期戰
消耗戰的祕密，也是中國在經濟戰上的優點。現在試把我

國兩年來的戰時經濟檢討一下吧。

（1）農業

　　這次戰爭的規模之大，是空前的，烽火延燒的區域，農民流亡，田園荒蕪，廬舍財產被燬，農村損失之大，也是空前的，但是戰爭固然給了農村巨大的損失，同時也給了農村輸入了新機軸與新生命。一方面由於對外貿易的被封鎖，通商大埠與內地市場之相隔絕，農村差不多已完全脫離了帝國主義的束縛，由對外依存變成了對內自給；他方面由於都市經濟之破壞，貨幣資本大批的向內地移動，與新式經濟機構在內地之建立，使中國農村現代化的成分也隨著擴大了，我政府深知抗戰必須鞏固經濟防線，故於戰爭時農業特別注意，為訓練農業人才起見，已有四十二個農業專門學校成立。因為東部農業區已淪陷，故在內地加倍努力農業建設，而由農本局總其成，其主要任務可歸納為四種：第一為設立各縣合作金庫，目的在樹立一個獨立的農業金融制度，由合作金庫對合作社放款，再由合作社轉放給社員。在川黔桂湘鄂贛陝等省已設立合作金庫七十六處，貸款總額達四百零七萬餘圓；第二為辦理農業倉庫，目的在溝通生產與消費，增加農民收入。現在已成立農業倉庫四十九處，總容量約五十九萬餘市石，此外又在川湘等省扶助農民辦理簡易倉庫七十處；第三為農業生產貸款，目的在增加生產，促進輸出。此項貸款又可分為三類：（1）農田水利貸款。一九三八年在川康桂黔滇湘陝等

省與各該省政府合作舉辦農田水利借款總額一千一百六十九萬餘圓。經實際查勘在辦理農田水利貸款區內之受益田畝，估計約二百三十餘萬畝。（２）食糧生產貸款，其用途推廣良種，購買肥料、耕牛、農具及防災儲備等。一九三八年貸款總額六百二十餘萬圓。（３）經濟作物生產貸款，其用途為推廣棉產，改農蠶絲，調整茶葉，改進蔗糖，及桐油、苧麻、柑橘運銷等。一九三八年貸款總額七百八十八萬餘圓。第四為農產運銷，目的在調節戰時之農產價格，並對農產品加以適當的管理，以供給戰時軍民之需要。一九三八年收購棉花、棉紗、棉布、食糧等，共值一千一百餘萬圓。本來我國抗戰的經濟基礎，完全寄之於農村，所以增加農業生產，是極重要的問題。上述的農業政策之執行，救濟農艱，促進生產，都很合於戰時需要。尚望我政府當局更進一步，為建國百年大業樹下穩固的基礎！

（２）工業

　　我國新式工業幾全部集中於幾個通商口岸如上海、天津、青島、廣州等，尤以上海為最，因此在這次抗戰中蒙受了極大的損失，即以上海一地而論，除小部分於戰時遷移到內地以外，據香港《大公報》之記載，華商工廠之損失即達八億圓以上。有許多工廠雖未直接被砲火所燬，然因淪陷而被敵人沒收的亦不在少數，在戰事中上海五千餘家大小工廠，遷出的不過一百五十二家，連同無錫、南京退出的工廠，也不過二百幾十家。這些工廠，初退出時，

集中武漢。後來由工礦調整委員會計劃第二次遷移，遷至四川、雲南、貴州等省，機器由長江水運搬至四川的達十三萬噸，中國在此次戰事中，雖然損失了大部分的工廠，但於華西，立即迅速恢復，所以羅克裴勒基金團遠東代表葛蘭脫撰文譽為「稀有之社會現象」。

現在中國在內地已建立了工業的鞏固基礎。就重工業方面說，在繼續進行中的：（一）工業方面，冶煉部分有四個單位，機器部分四個單位，化學工業部分四個單位。（二）礦工業方面，金礦有五個單位，銅礦二個單位，鐵礦二個單位，錫礦三個單位，水銀礦一個單位，煤礦八個單位，油礦二個單位。（三）電業方面，火力電廠八個單位，水力電廠二個單位。合計四十五個單位。中國重工業之驚人的發展，由此可得一明證，至於輕工業方面，發展更加迅速，因海口被敵寇封鎖，洋貨輸入極其困難，競爭減少，需要增大，這給了內地工業發展以極有利的條件。而保障了中國工業光明前途的，便是資源的豐富，游擊區域姑且不說，即就大後方而論，煤礦的供給絕不成問題，尤其是贛桂之鎢，湘之銻，都是軍需重要原料，除自給外還可大量輸出，其他湘西、贛南富於杉松，沿江各省富於竹蔴，製紙及纖維工業必能長足發展，四川省地下蘊藏尤極豐富，該省富水力，電解及電冶工業，以此為最相宜，他如川邊森林可利用以製紙，種蔗可改良以製糖，又桐油、木臘均川省特產可資利用。專家謂僅四川一省，其富源的潛在價值，便

足擔任民族解放戰爭之需要，何況除四川省外，康黔滇桂以及西北之陝甘新青，其資源均甚豐富，所以中國工業實有無限的前途。

政府對於手工業，也特別加以保護獎勵，因為大工廠不能遠離大都市及交通線，易被空襲，所以設立三萬工業合作社，以完成分散計劃，這種小工業，以極少數之資本，吸收失業工人，又可雇用難民解決他們的生活問題，而且還可訓練熟練工人，以為中國新經濟發展之先鋒。鄉中工業合作社之重要，如在戰爭時期中，不論主要城市或交通線命運如何，可於每一村、鎮、鄉，自成獨立的經濟中心，源源不盡的供給抗戰之需要。

蔣委員長昭示我們：「建國在作戰的時候。」不遠的將來，一個嶄新的中國將在大西南脫穎而出，這是可以預卜的！

（3）貿易

自抗戰開始，政府即擬定促進生產調整貿易大綱，組織調整貿易機關，頒布各項調整辦法，至去年六月為強化國外貿易統制，除一方禁絕非必需品和奢侈品二百三十四種的進口，一方復以各種獎勵的方法（如豁免捐稅、代保兵險、便利運輸、溝通資金等），協助商人增加出口商品的數量，所以雖失去了可以控制利用的吞吐海口，也還能儘可能限度的減少入超數目。我國民政府直接控制下的貿易，早已成為一種有利的趨勢，從去年一月至八月，戰區

以外的國外貿易差額，已降為入超四千三百萬圓，而西南各關，卻還是出超的居多，最近政府更能以各種方法減少淪陷區內的入超，這是我國貿易政策的成功，也就是日本在經濟鬥爭上相形見絀的確證，即就未來的情勢推測，中國貿易也必獲得順利的發展，因為日本在淪陷區的經濟活動，是企圖確立自己的經濟霸權，排斥第三國的權益，已引起歐美各國的深惡痛絕，將來美英——尤其是美國，為了擁護自己的權益，必以壓力加諸日本，打破日本壟斷中國戰區對外貿易的企圖，而有助於中國戰時對外貿易的自然發展，並且中國輸出商品有一部分在世界市場上是占特殊地位的，他國並不生產，或雖產而不豐者，如桐、鎢、銻、猪鬃、茶葉等，海外需要特切，雖然歐戰發生也不會影響輸出。所以中國貿易前途，實有無限的光明。

（4）財政

中國本是一個多兵的國家，戰時動員並不像別國一樣，需要增加幾倍的常備兵額，戰時軍費的增加，只用在兵員補充、軍隊調動、防禦工事建築，以及武器彈藥的消耗，所以軍費增加的數目是不會很大的，假定軍費比平時增加了二三倍，這在地大物博人多的中國，也不算怎樣一回事。而我政府各種戰時財政政策，也還能順應新情勢的發展，作有利的處置，應付軍需綽有餘裕，茲將主要財政設施，略述如次：

（一）調整賦稅

我國中央稅制，係以關、鹽、統等間接稅為主要收入。抗戰以來，沿海海關都被敵人劫持，鹽場都被蹂躪，工場半遭摧殘，關、鹽、統三稅無不銳減，政府為適應戰時環境起見，對於賦稅有如下之調整：關稅方面，於二十六年十月一日實行《整理轉口稅辦法》，凡民船、鐵路、公路運輸之貨物，除已徵統稅及菸酒稅者外，凡經海關及其分卡時，均予徵收轉口稅，對於肩挑負販之零星貨物及稅款在二角五分以下者，一律准予免稅，復為便利軍事起見，對於一般救護藥品、醫療機械，分別免稅進口。統稅方面，自戰事發生以來，貨運停滯，統稅收入頗受影響，為謀抵補計，於二十六年十月、十一月間先後頒行《非常時期徵收印花稅辦法》，暨增加土酒稅，舉辦菸絲稅。復將雲南、新疆、西康、青海等省，一律改為施行統稅區域，以期劃一稅制，復因沿海各廠多半不能徵稅，就廠徵收發生阻礙，乃由財部規定凡由上海等埠轉運各項應納統稅貨品，一律改由入境第一道徵收機關查驗補徵，並加訂《海關代徵查驗辦法》，以杜偷漏而維國稅。此外，直接稅方面，戰爭發生後，於二十七年十月間先後公布《遺產稅暫行條件》與《非常時期過分利得稅條例》，並擴充所得稅納稅單位，以裕國庫。

（二）募集公債

自戰事發生以來，我國發行公債極其慎重，戰前我國國債總額約合國幣總額四十五億圓，戰後發行公債有如下表：

公債名稱	舉債日期	擔保	債額
26 年救國公債	是年 10 月	國庫稅收	國幣　50,000,000 圓
26 年廣西金融公債	是年 12 月		國幣　17,000,000 圓
27 年南鎮鐵路借款	是年 4 月		法郎　150,000,000
27 年金公債	是年 5 月	鹽稅收入	關金　100,000,000 圓
			英金　10,000,000 鎊
			美金　50,000,000 圓
27 年國防公債	是年 5 五月	所得稅	國幣 500,000,000 圓
27 年賑濟公債	是年 7 七月	中央救災準備金	國幣　30,000,000 圓
28 年建設公債	是年 4、8 月	鹽餘項下加徵建設事業專款	國幣 600,000,000 圓
28 年軍需公債	是年 6、10 月	統稅、煙酒稅	國幣 600,000,000 圓

總計戰爭二年間我國發行公債，不過國幣二十七億圓，而敵國戰事二年間所發公債已達一百三十七億圓，實

大於我國五倍之多。至於外債方面，開戰之初即獲得英國借款五千萬鎊，嗣又獲得英國出口信用借款數百萬鎊，並貨幣穩定基金五百萬鎊，一九三八年年底獲得美國信用放款二千五百萬美圓，今年三月又獲得美國進出口銀行貸款二千萬美圓，此外，與比商亦曾成立二千萬鎊之信用借款，可見國際方面，亦源源不斷予我以財政上之援助，這固然有許多原因，而我國債信異常堅強，亦其中原因之一。我國在戰時困難環境中，仍繼續償付債務，在抗戰最初一年零九個月中，我國政府共償付外債一九八、七六四、五〇八圓，及內債三三一、六五〇、三九二圓。兩共五三〇、四一四、九〇〇圓，所以內外公債，得以順利發行，這種情形，絕非敵國所能比擬的！

（三）統制外匯

　　我國在抗戰初期七個月中，外匯購買完全自由，並且完全係以政府所定之匯兌率購買，後來因敵人陰謀破壞我金融，創立偽「聯合準備銀行」，乃於二十七年三月十四日頒布實施《外匯請核辦法》，統制外匯，只能供給認為正當的外匯需要，於是在官市之外，產生一種黑市，黑市初由十四便士跌至十三便士，至八月間穩定於八便士的線上，至去年六月忽由八便士跌至六便士，後來復至五便士，當時一部認識不足的人頗發生動搖，殊不知中國有無窮盡之寶藏與資源，法幣實有無窮盡之準備與信用，一時匯率的變動，何能損傷法幣絲毫真價？何況黑市堅定，敵人便可

以用偽鈔或軍用手票套購我外匯，黑市愈堅定，套購愈有利，維持黑市、不啻以外匯資敵。所以政府自六月七日起，放棄了維持黑市的政策，任其自然漲落，這不僅於幣制無絲毫影響，而黑市緊縮，適足以打擊敵人。我政府為平衡國際收支，又於七月一日頒布了兩個法令：一、《出口貨物結匯領取匯價差額辦法》，二、《進口物品申請購買外匯規則》，前者在促進輸出，增強外匯基金，後者在統制輸入，減少外匯支出，這兩個法令的運用，將更補強外匯基金，提高法幣在國際上的信用無疑。

（四）鞏固金融

自戰事發生以來，政府發行法幣極其審慎，孔院長曾鄭重聲明：「政府無論如何困苦，絕不走通貨膨脹途徑」。事實確也如此，據發行準備管理委員會於二十八年十二月三十一日向中、中、交、農四銀行檢查發行準備的結果提出報告如下表：

	法幣發行額	現金準備	保證準備
中央銀行	1,346,979,745 圓	658,058,986 圓	688,920,758 圓
中國銀行	771,997,105	392,648,460	379,348,644
交通銀行	597,338,285	293,550,448	303,827,836
農民銀行	365,432,160	211,901,243	153,530,917
合計	3,081,787,295	1,556,159,138	1,525,628,156

　　根據上表，可知我現金準備仍在法幣發行額百分之五十以上，這和敵國發行四十億圓紙幣而現金準備已全部用罄的情形，簡直不可同年而語。並且戰後法幣發行額，也不過由戰前的十四億圓增加至去年年底的三十億圓，這在政府內遷以後法幣流通的推廣和戰後軍事支付的增加看來，十六億圓的增發實在一點都不算多，去秋政府為鞏固金融並健全戰時中央金融機構，曾擬定辦法綱要，提奉最高國防委員會通過施行，同時國民政府於九月八日特派蔣委員長為中、中、交、農四行聯合辦事總處主席。此次鞏固金融辦法，規定法幣準備金於原有之金銀及外匯外，得加入（一）短期商業票據（二）貨物棧單（三）生產事業之投資等數種。在抗戰加緊建國猛進的現階段，這確是適合時宜的辦法。我們要防止惡性膨脹，抑制物價飛騰，就要擴充生產力，為了增加生產而將紙幣略予增發，添多市場上的籌碼，實屬有益而無害，上述鞏固金融辦法，將使全國金融格外靈活，並使經濟壁壘更加鞏固。

　　我們無論從農業、工業、貿易、財政任何方面觀察，中國戰時經濟都值得樂觀。這次戰爭雖然給予我國民經濟以空前的打擊，但同時也摧毀了以前那個半殖地半封建的經濟體系，而使中國走上了自由平等幸福的新生之路，建立了嶄新的獨立自主的經濟體系的基礎。這實是值得我們慶祝的。

三、政治躍進

在堅苦抗戰的三年之間，戰時政治也能配合軍事同樣發展，固然也還有不夠徹底的地方，但比戰前飛躍進步，那是顯明事實，誰也不能否認。

一、全民族空前的統一團結

在蔣委員長的賢明領導之下，全國各黨派都整齊步調集中到三民主義的旗幟下，參加抗戰建國的偉業，這是中國空前的大進步。事變發生後的第三個月，共產黨即宣布了擁護蔣委員長擁護國民政府，為實現三民主義而奮鬥，同時將紅軍改編為國民革命軍第八路軍受軍事委員會指揮，開赴山西殺敵，散在贛閩的紅軍游擊隊，也改編為國民革命軍第四軍，開赴東戰場作戰。同時，中華民族革命大同盟、中國青年黨以及國家社會黨，都正式地表示了精誠團結共赴國難的態度，參加了抗日戰線，於是全國各黨派都打成一片，完成了空前的統一。

二、國民黨的躍進

抗戰建國的柱石——國民黨，在這三年間，更飛躍地進步了，這有下述事實可作證明：第一是《抗戰建國綱領》的規定。二十七年三月全國臨時代表大會，通過《抗戰建國綱領》三十二條，對外交、軍事、政治、經濟，民眾運動以及教育各方面，都有很正確的規定，奠立了「抗戰必勝」的鞏固基礎。第二是三民主義青年團成立，國民黨為

健全黨的組織，鞏固黨的基礎，將預備黨員制取消，設立
三民主義青年團，其特殊任務有六：（1）積極參加戰時動
員（2）實施軍事訓練（3）實施政治訓練（4）促進文化建
設（5）推行勞動服務（6）培養生產技藝。青年團的產生，
必能使全國愛國青年集中在三民主義旗幟之下，積極地擔
負起抗戰建國的任務。第三是叛逆分子的清除。抗戰開始
以後，一部分民族的殘滓敗類，不知國家民族利益高於一
切，幹著出賣祖宗的下流無恥勾當。每當軍事緊急的時機，
放出妥協投降的謬論。汪兆銘、周佛海諸逆，便是這殘滓
的代表。現在國民黨摘出了這些臭膿毒血，打了清血針，
黨的組織是更加健全了。

三、憲政基礎的確立

　　政府為集思廣益團結全國力量起見，於前年四月十二
日公布《國民參政會組織條例》第十五條，成立參政會。
參政員二百名，包括各省市、各黨派、各民族、各界以及
海外僑胞，可說是一個初步的民意機關。截至現在止，參
政會已開過四次大會，歷次大會的決議，對於祖國都有偉
大的貢獻。基於抗戰建國的兩重要觀念，對於當前的許多
內政外交問題，都提出不少富於建設性的建議。過去所通
過最重要的決議，第一次大會中通過了「擁護抗戰建國綱
領」的決議案，第二次大會中通過了「維護持久抗戰的國
策」，第三次大會中重申「擁護抗戰既定方針必須支持到底
服從蔣委員長去年十二月二十六日駁斥近衛聲明的宣

言」，第四次大會中通過了「請政府明令定期召集國民大會制定憲法實行憲政」的決議。這些決議，都有偉大的歷史意義，現在「國民參政會憲政促成會」已經產生，各省市縣參政會也逐漸成立。將由此造成民主政治的規模，為國家奠定長治久安的基礎。

四、戰時行政的刷新

關於行政刷新，有下述事實可作證明：（一）政府行政機關的簡化。如裁減政府各機關的冗員，裁撤政府駢枝機關，將鐵道、交通兩部合併，以及改實業部為經濟部，都是適應戰時需要的必要改革。（二）戰時施政方針的確定，這一施政方針是經內政部確定的，其要目有六：一曰調整行政機構，以增進行政效能；二曰健全下層組織，以團結全民力量；三曰充實警政，以確保地方治安；四曰救恤傷疾，以安定社會秩序；五曰儲節物資，限制消費；六曰獎進民德，厲行禁煙。這都很合戰時的需要。（三）嚴懲貪污。二十七年六月二十七日國民政府頒布《懲治貪污暫行條例》十一條，同時軍事委員會與行政院又會令公布《軍事徵用法施行細則》七十條，軍事委員會更頒布《戰時軍事機關或部隊徵用民夫暫行辦法》七條，這都是杜絕貪污舞弊的最好處置。二十七年七月二十日，蔣委員長又令監察院及審計部隨時負責檢舉貪汙，並嚴禁公務人員兼薪，以謀澄清積弊。（四）懲治漢奸。二十七年八月十六日，國民政府頒布《修正懲治漢奸條件》十九條，其第二條規定：「通敵

賣國而有左列行為之一者為漢奸，處死刑或無期徒刑：一、圖謀反抗本國者，二、圖謀擾亂治安者，三、招募軍隊或其他軍用人工役夫者，四、供給販賣或為購辦運輸軍用品或製造軍械彈藥之原料者，五、供給販賣或為購辦運輸穀米麥麵雜糧或其他可充食糧之物品者，六、供給金錢資產者，七、洩漏傳遞偵探或盜竊有關軍事政治經濟之消息文書圖畫或物品者，八、充任嚮導或其他有關軍事之職役者，九、阻礙公務員執行公務者，十、擾亂金融者，十一、破壞交通通信或軍事上之工事或封鎖者，十二、於飲水食品中投放毒物者，十三、煽惑軍人公務員或人民逃叛通敵者，十四、為前款之人犯所煽惑而從其煽惑者。」同時行政院又頒布《非常時期各地舉辦聯保聯坐要點》，以期防止漢奸，消弭匪患。（五）此外對於出征抗敵軍人家屬，軍事委員會定有《優待出征抗敵軍人家屬辦法》十七條：對於戰區難民，行政院通過《救濟難民撫輯流亡》及《豁免戰區田賦》兩案。並通過《非常時期救濟難民辦法大綱》與《移民墾荒諸計劃》；對於工業，國民政府規定有《工業獎勵法》：對於農村金融，行政院公布《合作事業獎勵規則》。上述戰時行政設施，都合於當前抗戰的迫切需要，鞏固了政治防線的基礎。

四、社會穩定

　　日本評論家新明正道在〈事變的教訓〉一文中說：「所

以使中國堅強的，不是軍隊，不是第三國的援助，也並不是農業國，這是因為中國的民族主義，已成了有力的意見。中國人以民族的自覺而團結著，這纔是抗戰意識熾烈的原因，這纔是中國所以堅強的事實的基礎」。（見《日本評論》一九三九年八月號）誠然，中國人已因民族的自覺而鎔成了一道鐵流。每個黃帝子孫，都只有一個希望，一個目標，就是戰勝日本帝國主義！不管是怎樣的艱苦，怎樣的誘惑，怎樣的威脅，都不能動搖中國人這個鐵般的意志，所以中國社會，在這鐵流中呈現了異常的穩定。

我們試著看那些顛沛流離的難民，他們扶老攜幼，餐風飲露，號飢啼寒，何等痛苦！但沒有一個對神聖的抗戰口出怨言，只是咒罵鬼子痛恨鬼子。如果從前，在戰爭的混亂中，定有土匪蜂起，可是現在，即在接近火線的戰區，社會秩序仍是井然。甚至離火線僅數十里的地區，農民仍在砲聲中從事耕種或收穫，這是怎樣地令人感動的場面！

敵機儘管發揮獸性，到處濫炸，擾亂我後方，但一般民眾卻異常鎮靜，離開了防空壕，馬上回到自己的工作崗位，有的房屋被炸燬了，家屬被炸死了，他們卻不去作無謂的痛哭，只是緊緊地咬著嘴唇，捏著復仇的拳頭！

教育是比平時更加緊了。學校數目，有些地方反而比平時增加了許多，在附近火線的地區，有許多學校仍在照常上課，他們利用樹林岩壁防空，一面溫習課本。有的學校從戰區移往後方，師生跋涉數千里，在簡陋的設備之下，

仍是刻苦研究，每個師生都覺得自己的艱鉅使命，把學校當作戰場。

徵兵徵工，都能很順利的進行，破壞公路橋梁，運輸軍需，民眾都能踴躍參加。即在戰事激烈的前方，當地民眾也能不顧危險協助國軍。至於徵兵，從前雖有「好人不當兵」的謬說流傳，但自抗戰開始後，一般民眾都覺悟了當兵是無上的光榮，自動爭服兵役的續出不已，如上饒第三區蔡家鄉第一保民婦汪陳氏之三子爭出征，南岳鎮曠東初兩子皆出征，女亦出任看護。這種例子多不勝舉，證明了民眾對服兵役的觀念已完全改變，而軍隊的素質也隨著這種事實而改觀了。

婦女也勇敢地跑上了抗日戰線。或親自加入前線殺敵，或擔任傷兵看護工作，或擔任難民救濟工作，或擔任軍民聯繫工作，或加入歌詠隊與劇團，或擔任組訓民眾工作，或擔任慰勞將士工作。她們的成分並不一律，其中有太太、小姐，也有歌女、舞女和影星，有農村婦女和女工，也有女公務員和女教員、女學生，就把女學生來說，在廣西，曾經從一千多名自願赴前線服務的女學生中選擇了一百五十名開赴前線工作，河南潢川也有一個女子戰時服務團共有五百名以上的女學生，軍事委員會在武漢時也舉辦了一個訓練團。有一千名以上的女學生，陝西也有一千名以上的女學生辦了訓練，中國婦女，在世界婦女解放鬥爭史上實寫下了極光榮的一頁。

　　總之，這一次戰爭，在日本方面是侵略戰爭，代表著黑暗的勢力，在中國方面，是民族解放戰爭，代表著光明的勢力。前者是退步的，後者是進步的，所以日本社會反映出的，是動搖、頹唐、罪惡、怯懦：中國社會反映出的，是堅決、狂熱、理智、英勇。這也就是中日戰爭勝負的分歧點。

五、國際同情

　　我國此次抗戰，是為反對侵略而戰，是為擁護正義和平而戰，是富有進步性的戰爭，是國際反侵略運動主要的組成部分。所以世界人士，莫不深深同情我國。而反日援華規模最大的國際組織，便是國際反侵略大會。該會由英國薛西爾爵士及法國前航空部長谷特主持，一九三八年二月十二、十三兩日該會在倫敦召集援華制日的特別會議，參加者有二十三國代表八百餘人，指斥危害世界和平之日本侵華行為，要求各國對日停止一切軍火及財政上之供給並實行抵制日貨。後來該會鑑於日本侵略行為愈加橫暴，並常轟炸不設防城市屠殺婦女兒童，又於七月二十三、十四兩日在巴黎召開國際反對轟炸不設防城市大會，到會代表有國際反侵略總會四十三國分會及其他國際團體代表約千人，關於中國，通過決議有下列六點：（一）大會主張依照華府《九國公約》、《國聯盟約》、《巴黎非戰公約》，國聯大會與行政院歷次決議案，援助中國。（二）關於中日戰爭

任何解決方案，凡與中國獨立主權與領土完整相抵觸者，均為大會所反對。（三）大會主張以款項貸與中國政府。（四）大會主張擴大宣傳運動，以援助中國。（五）大會主張抵制日貨，並阻止以軍用品暨煤油供給侵略國。（六）派調查團往華調查濫炸真相。由此可知國際反侵略大會怎樣為了反侵略，為了援華而努力。至於各國個別的援華運動，也是非常熱烈。世界任何角落，都可聽到反日援華的正義的呼聲。茲分別略述如次：

英國：英國人士自中日戰事發生以來，不分黨派，不分階級，對於暴日的侵華，莫不表示異常的憤慨。為制裁侵略者，全國發起了轟轟烈烈的杯葛日貨運動。英國勞工運動執委會於一九三七年九月開會決議籲請全國勞工拒絕為任何輪船裝卸日貨，與為日輪船裝卸貨物，並要求政府禁售軍火給日寇及拒絕貸款給日寇。英國共產黨中央政治局也發表宣言，號召全國勞工援華制日並抵制日貨。英國工黨於同年十月四日舉行常年大會時，答應全國各支部及各地工會的要求，通過《抵制日貨決議案》。英國總工會國會黨團代表和工黨執委會於一九三八年一月七日舉行聯席會議，重新要求英政府禁售軍需品原料與貸款給日本，並籲請各國合作實施經濟制日。去年二月英國店員及堆棧職工聯合會在李慈城開會，決議勸告工黨執委會應和國際工會聯合會合作，設法抵制日貨，倫敦消費合作社協會也通告全國合作社一致抵制日貨，由此可知英國抵制日貨運動

是怎樣的猛烈。同時，募捐援助中國的運動也日趨白熱化。倫敦市長太福特爵士救濟中國難民基金的演說，不到一星期便得到十萬二千鎊，前年雙十節，倫敦人士發起「一碗飯聚餐會」，共捐得四百五十鎊匯來中國。同時色費爾得舉行一次關於中國問題的大會。即席捐得二百二十鎊，曼徹斯特也召開一次援華大會，捐得二十七鎊，去年一月英國各傳教會遠東委員會發起救濟中國難民基金，不久即募得十七萬五千鎊之巨款，約合華幣五百萬圓。英國援華運動，開初本是人民發自正義感的一種散漫運動，但不久即形成了健全的組織，那便是英國援華運動總會。該會在英國各地已成立二十一個分會，並在各團體中成立「中國小組」，使援華運動更加深入。該會成立以來，英國各地舉行過二千次會議，平均每天有十個群眾會議討論援華制日的辦法，抵制日貨的遊行示威，已舉行過一百餘次，並迭次舉行「反日援華週」，可知該會的援華運動已在英國群眾中樹立了不拔的基礎。

美國：美國援華運動也極其熱烈，組織了許許多多的團體，如不參加日本侵略委員會、援華制日委員會、抵制日貨委員會、救濟中國傷兵難民委員會、募集醫藥援華會、全國和平協會、中國人民之友社等。各國援華團體，於前年六月合組成全美援華聯合會，主席羅斯福，著名委員中，有前總統胡佛、科學家愛因斯坦等，該會大規模的發動全國為中國人民特別募捐，並籲請政府修改《中立法》，禁售

軍火軍需品與侵略者。全美各地職工會，各邦，各城市，都有反日團體的組織。常舉行援華示威，發行宣傳刊物，或播音演講，捐款募物。在通衢要路，常常有三五成臺的美國學生，手裏舉著一面捐款援華的牌子，面前放著一個洋鐵筒，為中國募捐。在前總統胡佛領導之下，舊金山曾發起「一碗飯運動」，把節省下來的用費捐贈我國，前年七月十七日晚，全美國二千餘城市，同日舉行一碗飯運動，全美絕食者至少有一百萬人以上，捐得美金一百萬圓，又擁有四百萬工人的美國工人聯合會，已組成一個救濟中國平民會，組織規模極大，僅總部工作人員已有一百餘名，可能影響約有四千萬人，美國人民這種熱烈的援華運動，自然影響於其政府，所以美國政府的援華，也一天比一天積極。如前十二月美國政府建設金融公司貸款二千五百萬美金與中國，去年七月廢止《美日商約》打擊暴日，今年三月美國進出口銀行又貸款二千萬美金與中國，可知主持正義的美國上下人士，已有決心與中國攜手，來打倒太平洋上中美兩國的共同敵人。

　　法國：法國的援華運動，有由五十二個團體組織而成的中國人民之友社，給中國精神上物質上莫大的幫助，並且推動眾議員一一八人在眾議院組織委員會對中國表示同情行動。前年五月間法外長龐萊在國聯席上的那番演說：「整個法蘭西民族現均熱烈願望中國民族勇敢刻苦之精神，終有獲得報酬之一日。」「中國為保衛獨立主權與領土

完整而抗戰其所發揮之愛國精神，使全世界欽佩不已」。這樣偉大同情的演說，實令我們感奮。敵機轟炸廣州時，天主教徒中國人民之友社，與各黨派議員都聯名提出抗議，並通電全世界共滅此人類公敵。

蘇聯：蘇聯的立國精神，一向是反侵略及援助被壓迫民族。自我國抗戰以來，對於日寇的侵略更表示堅決的反對，其在物質上精神上技術上對於我國的援助，都是大家周知的事。蘇聯各報經常抨擊日寇與漢奸，也可見同情我國之一斑。

比利時：援華運動在比國，有社會黨首領樊迪文發表廣播演說，籲請各國聯合助華抗戰，並要求美國與國聯合作。又有中國人民之友社對敵機轟炸暴行，提出嚴重抗議。

荷蘭：海牙民眾在前年雙十節召開援華大會，當場捐出二千法郎，同時成立一關於中日戰爭的諮詢機關，向各報供給關於我國抗戰的資料，以喚起荷人對於中國的關心。

斯干的那維亞：挪威曾舉行世界基督教聯合會，參加代表三十六國，通過決議案，一致聲討日本野蠻的空中轟炸。瑞典有救護中國傷兵委員會，曾派霍爾曼醫生來華加入國際紅十字會工作，並將攜帶醫藥器械贈與我國。

古巴：古巴中國人民之友社於前年七七晚上，在夏灣拿國家大戲院舉行「紀念中國七七週年並援華運動演講大會」，參加者異常踴躍，達三千餘人，當場聽眾捐出古幣一百六十餘圓，救濟中國傷兵難民。

南非洲：前年九月二十九日中國人民之友社曾舉行一次遊行大會，由伊麗沙白港的市長主席，同時又提議組織一示威大會，俟日本郵船進港時舉行，並議決為山西南部國際傷兵醫院每月負責籌措經費之一部二十五英鎊。

澳洲：澳洲的援華運動，也不減於英美等國。抵制日貨和碼頭工人拒絕起卸日貨的運動尤為激烈。各團體在澳大利亞職工會領導之下，積極宣傳使援華運動成為全澳的廣大羣眾運動，澳洲的國際反侵略支會，近來在新金山的西郊召開多次會議，以圖加強抵制日貨的運動，最近這種運動並蔓延到東海濱的此利斯本等地。（以上參閱獨立評論社編《國際援華運動》）。

從上面簡單的介紹，可知國際人士是怎樣的同情我國，反對日寇。語云：「師直為壯曲為老」，世界同情既集中於我，戰爭勝負不卜可知了！

第八章　結論

　　我們從敵我軍事、經濟、政治、社會以及國際各種情勢觀察，都知道日本這個窮兵黷武的國家到處是「此路不通」，毋怪敵國輿論高唱「現在是日本有史以來的危機時期」。日本明治維新諸志士經過無限艱難困苦創造的國家基礎，如今竟一點一滴毀滅在一羣狂妄軍閥的手裏，我們實在為日本可惜，也為日本可悲！

　　從前歐洲十字軍東征時，羅馬教皇烏爾班向羣眾演說道：「我們現在不是和任何種類的『人』作戰，而是從殘暴野蠻無恥的魔鬼手中挽救人類」。這正合於中國今日抗戰的情形。的確，我們今日並不單是為了求自己民族的出路，也是為了從魔鬼手中救全世界人類！日本軍閥這一個侵略集團，若不是我大中華民族來給牠一個嚴厲的教訓，將來不但東南亞求不得安寧，恐怕全世界也將永不得安寧。我們要完成這個艱鉅神聖的任務，就得每個國民都站在自己的崗位上，出一份力，盡一份心，發揮至大至剛的正氣，

斬除一切礙路的荊棘，奮勇前進：因為勝利的榮冠，絕不是可以束手等待而得的！

　　有些恐日病者眩惑於敵人目前的勢燄，因而動搖「必勝」的信念；不知敵人正是迴光返照，臨死掙扎，這種勢燄眼看著將一刻一刻的弱下去！我們目前的環境雖然艱苦；但比蘇土革命當時的環境實在還要好許多。蘇聯一九一八年外有列強武力包圍，經濟封鎖，內有白黨台尼金（Denikin）、尤特尼采（Yudenich）、高爾薩克（Kolchak）等作亂，南俄北俄分別樹立了英法支持的偽政府，遠東也有美倭支持的赤塔偽政府和海參威偽政府，一羣偽政府並且聯合組織了一個阿姆斯克偽中央政府，還受過列強事實上的承認；然而蘇聯人民終於克服了一切困難，鞏固了革命政權。再看土耳其一九二〇年的抗戰，希臘軍憑藉英國的後援，以破竹之勢侵入，當時土耳其在受了歐戰的大損失，被《雪佛耳條約》瓜分和解除武裝之後，舊京已被國際共管，英法都有大軍駐屯。基爾瑪不過在貧瘠的東北山地領有裝備不全的兩萬軍隊，在艱苦的抗戰過程中，又發生綠色黨軍隊的內亂，當時環境是何等險惡，然而土耳其人民終於驅出敵人，完成了復興事業。可知只要我們抱定大無畏的革命精神，即使環境再比現在惡化多少倍，我們也不難貫徹目的。蔣委員長昭示我們：「最困險艱難的時期，就是最大的成功的機會所在」。我們能忍耐最大的艱苦，纔能獲得最大的成功！

　　敵人本身的弱點，已經註定了敵人「必敗」的命運；然而我們也還得加緊軍事經濟政治外交全線的反攻，促使敵人早日崩潰，爭取勝利的早日來臨！

　　（一九四〇年三月十三日脫稿於四川萬縣）（完）

國家圖書館出版品預行編目資料

日本必敗論 / 朱雲影著. -- 初版.
臺北市：蘭臺, 民 104.08
　　面；　公分
ISBN　978-986-5633-10-3 (平裝)
1.中日戰爭　2.日本史

628.5　　　　　　　　　　　　　　　104011553

近代史學研究 2

日本必敗論

作　　　者：朱雲影
再版校訂：王仲孚
編　　　輯：高雅婷
美　　　編：林育雯
封面設計：林育雯
出　版　者：蘭臺出版社
發　　　行：博客思出版社
地　　　址：台北市中正區重慶南路 1 段 121 號 8 樓之 14
電　　　話：(02)2331-1675 或(02)2331-1691
傳　　　真：(02)2382-6225
E－MAIL：　books5w@gmail.com 或 books5w@yahoo.com.tw
網路書店：http://store.pchome.com.tw/yesbooks/　　http://bookstv.com.tw/
　　　　　　http://www.5w.com.tw/、華文網路書店、三民書局
總 經 銷：成信文化事業股份有限公司
劃撥戶名：蘭臺出版社　帳號：18995335
網路書店：博客來網路書店 http://www.books.com.tw
香港代理：香港聯合零售有限公司
地　　　址：香港新界大蒲汀麗路 36 號中華商務印刷大樓
　　　　　　C&C Building, 36,Ting, Lai, Road, Tai,Po, New,Territories
電　　　話：(852)2150-2100　　傳真：(852)2356-0735
總 經 銷：廈門外圖集團有限公司
地　　　址：廈門市湖裡區悅華路 8 號 4 樓
電　　　話：86-592-2230177
傳　　　真：86-592-5365089
出版日期：2015 年 8 月 初版
定　　　價：新臺幣 320 元整（平裝）
ISBN：978-986-5633-10-3